Table des matières

Préface

De nos jours, le plurilinguisme connaît une croissance rapide à l'échelle mondiale, ce qui suscite chez de nombreux parents des interrogations quant aux conséquences qu'une éducation dans un environnement plurilingue pourrait avoir sur leurs enfants. Les expériences et les compétences acquises à travers le plurilinguisme exercent une influence considérable sur la vie cognitive, sociale et émotionnelle des enfants. Dans un monde où nous avons désormais plus de contrôle sur nos opportunités d'apprentissage, il est essentiel de se pencher sur les avantages du bilinguisme, de la bilittératie, de l'éducation plurilingue et de leur impact sur les enfants, les personnes âgées et les familles en général. Le livre d'Ellen Bialystok, *Enfants bilingues : familles, éducation et développement*, a pour objectif d'examiner scientifiquement ces questions et de fournir des réponses claires pour aider les parents et les éducateurs à faire des choix éclairés pour le bien-être de tous.

Cet ouvrage est une ressource indispensable pour les familles, qu'elles pratiquent plusieurs langues à la maison ou non, ainsi que pour les professionnels tels que les éducateurs et les professionnels de la santé. Il offre un aperçu complet de l'impact du bilinguisme sur le développement du cerveau et la réussite scolaire, en proposant des conseils pratiques au lecteur et en remettant les discussions connexes dans leur contexte, en traçant les développements les plus importants de la recherche sur ce sujet depuis les années 1980. Le livre examine l'impact de nos expériences d'apprentissage des langues sur divers aspects de la vie, tels que le développement cognitif, l'acquisition de la littératie, les compétences émotionnelles, la santé à long terme et la flexibilité mentale, c'est-à-dire la capacité à s'adapter à de nouvelles situations ou à des circonstances sociales changeantes.

L'auteure, Ellen Bialystok, est une professeure de renommée mondiale, affiliée aux départements de psychologie et de neuroscience de York University de Toronto. En tant qu'experte reconnue, elle est parfaitement qualifiée pour nous orienter sur des sujets complexes tels que l'environnement linguistique, le transfert interlinguistique, la conscience métalinguistique, le développement cognitif et le bilinguisme. Elle aborde le bilinguisme d'un point de vue développemental et étudie ses implications pour l'éducation, le développement cognitif, la santé mentale et la construction de l'identité psychosociale.

Le bilinguisme est un don précieux qui nous permet d'apprendre plus rapidement et de participer à la communication interculturelle. C'est également une compétence que nous pouvons acquérir à tout âge et dont nous pouvons tous bénéficier, pas seulement les enfants. Les adultes plurilingues sont également de meilleurs résolveurs de problèmes ! Ce livre cherche à expliquer la science qui sous-tend le bilinguisme et ses effets sur l'esprit et le corps des gens. Il changera votre façon de penser à la connaissance et à l'apprentissage des langues, en vous permettant de comprendre pourquoi les personnes bilingues sont uniques. Il sera d'une grande utilité pour tous ceux qui souhaitent en savoir plus sur le bilinguisme en particulier et le plurilinguisme en général. Il s'aligne parfaitement sur la mission du Centre pour l'avancement des langues, de l'éducation et des communautés qui vise à promouvoir le bilinguisme, à donner des moyens d'action aux familles plurilingues et à favoriser la compréhension interculturelle. La mission de CALEC est de faire de la langue une compétence essentielle dans la vie courante, en encourageant la mise en œuvre de programmes d'éducation bilingue qui favorisent la diversité, réduisent les inégalités et contribuent à offrir une éducation de qualité, tout en créant des communautés plurilingues dynamiques.

Fabrice Jaumont, Président,
Centre pour l'avancement des langues,
de l'éducation et des communautés (CALEC)

Remerciements

Tout a commencé lors d'une promenade à Central Park, où Fabrice Jaumont m'a invitée à donner des conférences à New York sur mes recherches en bilinguisme, devant un public composé d'éducateurs bilingues et de membres de la communauté. En tant que chercheuse scientifique depuis plus de 40 ans, j'ai l'habitude de présenter mes travaux à d'autres chercheurs. Toutefois, au fil des années, j'ai également reçu de nombreux courriels de personnes qui m'ont trouvée sur Internet en tant qu'« experte en bilinguisme », cherchant des conseils sur la façon d'organiser les langues à la maison. Ces demandes de conseils m'ont fait réaliser que les informations que j'avais accumulées dans mon milieu académique avaient des implications pratiques pour les gens dans leur vie quotidienne. J'ai compris que les parents cherchaient des conseils pour prendre des décisions difficiles et faire les meilleurs choix pour leurs enfants en matière de langues. Il était clair que ces problèmes courants préoccupaient tous les parents. Bien que j'aie répondu à tous les courriels, j'avais le sentiment que mes connaissances n'étaient pas aussi utiles que je l'aurais souhaité. J'ai souvent ajouté des précisions telles que « Il n'y a pas de réponse universelle » ou « Je ne suis pas une professionnelle de la santé ».

Cependant, j'ai également commencé à recevoir des invitations de la part d'écoles bilingues du monde entier pour partager mes connaissances sur le bilinguisme lors de conférences adressées à leurs communautés d'enseignants et de parents. J'ai réalisé que les connaissances que j'avais acquises dans le cadre académique entraînaient des répercussions sur la vie quotidienne des gens lorsque j'ai commencé à recevoir des invitations d'écoles bilingues du monde entier pour donner des conférences à leurs communautés d'enseignants et de parents. Cette expérience m'a fait prendre conscience que les gens cherchaient des informations pratiques pour les aider à prendre des décisions difficiles et à faire les meilleurs choix pour leurs enfants. J'ai donc ressenti le besoin de passer de la recherche fondamentale à la vie réelle. C'est alors que, lors d'une belle journée de printemps où nous nous promenions dans le parc, Fabrice m'a dit : « Écrivez un livre sur le bilinguisme pour les parents, les éducateurs et le grand public ». Et c'est ce que j'ai fait.

La recherche est un travail d'équipe et j'ai eu la chance de collaborer avec des collègues exceptionnels. Mes étudiants de premier cycle ont appris à poser des questions et à concevoir des expériences, mes étudiants diplômés ont conçu de nouveaux projets passionnants pour apporter des contributions uniques au domaine, et mes boursiers postdoctoraux ont apporté de nouvelles idées pour faire progresser la recherche à un niveau supérieur. Tout cela a été soutenu par des assistants de laboratoire et des assistants de recherche bénévoles possédant des compétences techniques de haut niveau. J'ai également eu le privilège de collaborer avec des collègues, tant seniors que juniors, qui, dans le meilleur esprit de coopération, ont poussé le travail vers de nouveaux sommets. Je suis reconnaissante envers toutes les personnes qui ont partagé avec moi l'expérience incroyable et passionnante de la découverte scientifique. Dans certains cas, elles sont devenues des amis chers que j'apprécie énormément.

Sur le mur, à côté de l'entrée de mon laboratoire, se trouve une carte du monde. À chaque fois qu'une nouvelle personne rejoint notre équipe, nous lui demandons de placer une punaise pour marquer son lieu d'origine. Aujourd'hui, cette carte est couverte de punaises ! Le groupe à l'origine de cette recherche est représentatif d'un nombre considérable de pays, de langues, de religions et d'ethnies, ce qui témoigne de sa grande diversité. Cette diversité est non seulement appropriée, mais je pense qu'elle est l'un des ingrédients clés qui ont contribué à la réussite de ce livre.

La recherche est coûteuse et ces coûts ont été couverts par des subventions de plusieurs grands organismes, notamment le Conseil de recherches en sciences naturelles et en génie du Canada, le Conseil de recherches en sciences humaines du Canada, les Instituts de recherche en santé du Canada, les National Institutes of Health des États-Unis, ainsi que plusieurs organismes plus spécialisés, comme la Société Alzheimer du Canada et le Réseau canadien de recherche sur le langage et l'alphabétisation. Je les remercie tous d'avoir soutenu mes recherches au fil des ans. Je tiens à adresser des remerciements particuliers à mon ami et collègue, le professeur Fergus Craik. Notre collaboration au cours des 20 dernières années a enrichi mes recherches et j'ai beaucoup appris de nos discussions. Gus a également lu patiemment l'ensemble de ce manuscrit et a fait des suggestions utiles pour rendre la recherche technique en laboratoire plus intéressante et plus accessible.

L'écriture d'un livre nous éloigne de notre famille et de nos amis, transformant l'écrivain en un ermite quelque peu grincheux. J'étais probablement plus grincheuse que d'habitude parce que j'ai écrit ce livre pendant une pandémie au cours de laquelle j'ai passé beaucoup de temps en isolement. Par conséquent, je suis, comme toujours, reconnaissante de la tolérance, de la patience et du soutien de mon mari Frank pendant ce processus. Mes extraordinaires filles, Sandra et Lauren, ont quitté la maison il y a des années. Bien qu'elles n'aient pas contribué directement à cet ouvrage, elles sont au cœur de tout ce que je fais.

Ce livre est dédié aux quatre personnes les plus extraordinaires de ma vie : Raphaël, Gabriel, Rebecca et Naomi. Vous êtes tous à égalité pour la première place !

Ellen Bialystok, OC, PhD, FRSC

Ellen Bialystok

Chapitre 1
Familles et langues

Selon Tolstoï, « Toutes les familles heureuses se ressemblent. Chaque famille malheureuse est malheureuse à sa manière ». Cette description triviale décrivait l'état de la société russe au XIXème siècle. Tolstoï pensait que le bonheur des familles reposait sur leur « similitude », les rendant interchangeables, contrairement aux familles malheureuses qui étaient diverses et imprévisibles. De même, les familles monolingues sont prévisibles tandis que les familles plurilingues sont pleines de surprises et sont toutes différentes. Cependant, cela n'a pas d'implications directes pour le « bonheur ».

Le plurilinguisme a toujours été une caractéristique des sociétés humaines. L'histoire de notre espèce est marquée par des migrations constantes[1], ce qui a souvent engendré des problèmes de communication lorsque des groupes ont quitté leur territoire traditionnel pour rencontrer de nouvelles communautés. Aujourd'hui, le plurilinguisme reste un aspect prédominant de la vie dans les sociétés traditionnelles. Jared Diamond[2] rapporte qu'il a passé du temps avec un groupe de Highlanders locaux en Nouvelle-Guinée et leur a demandé combien de langues ils parlaient ; le nombre *minimum* était de cinq. Au début du XXème siècle, les énormes vagues de migration de populations entières, provenant de régions et de peuples d'Europe et d'ailleurs vers l'Occident, étaient une réalité. Pour ces populations, l'apprentissage d'une nouvelle langue faisait partie de l'accord de migration, sans que cela ne pose de problème. Et pourtant, nous sommes émerveillés par la facilité avec laquelle certains individus peuvent communiquer dans plusieurs langues et nous pensons que le succès couramment observé chez les enfants est la preuve d'un super pouvoir réservé aux jeunes. Nous évitons les complexités d'une autre langue en micro-gérant notre environnement, et nous ne voyageons jamais sans avoir préalablement mis à jour Google Translate sur nos téléphones portables. Parfois, nous considérons une langue étrangère comme un luxe conférant un statut élevé lorsqu'elle est maîtrisée, et parfois nous la considérons comme un fardeau porté par les immigrants qui luttent pour s'assimiler à leur nouvelle société. Ces jugements contradictoires sont des réactions à un même phénomène : la capacité de parler une autre langue.

Selon certaines estimations, le plurilinguisme est une réalité pour plus de la moitié de la population mondiale.[3] Dans ce contexte, le monolinguisme est considéré comme une aberration ! Les voies d'acquisition du plurilinguisme sont multiples, à des âges différents et à des fins différentes. Les langues ont leur propre importance et les expériences et les capacités que nous acquérons grâce à elles ont un impact sur notre vie cognitive, sociale et émotionnelle. En réalité, les langues que nous parlons influencent qui nous sommes, avec qui nous interagissons et comment nous réagissons au monde. Toutefois, nous sommes désormais en mesure de mieux contrôler nos expériences et nos possibilités d'apprentissage des langues grâce à des applications d'apprentissage mobile en pleine croissance, des services de *streaming* proposant des sous-titres dans un grand nombre de langues et des journaux offrant leur contenu dans plusieurs langues. Les migrations mondiales, qu'elles résultent de choix personnels ou de déplacements politiques, sont en augmentation, ce qui amène de nombreux pays qui ont toujours été homogènes et monolingues à se transformer et à devenir des communautés plus diversifiées de manière essentielle.

Pour ces raisons, nous vivons aujourd'hui dans un monde où le plurilinguisme est plus répandu et plus accessible que jamais. C'est donc le bon moment pour examiner ce que nous savons du plurilinguisme et de ses effets sur les individus, en particulier les enfants. La prévalence du plurilinguisme devrait réconforter ceux qui rencontrent des difficultés à choisir comment gérer les langues dans le cadre familial, mais qui veulent néanmoins être sûrs qu'ils font les meilleurs choix possibles pour leurs enfants, en tenant compte des preuves scientifiques qui les soutiennent. L'objectif de ce livre est d'examiner ce que l'on sait du plurilinguisme afin de comprendre son impact sur les enfants.

Pourquoi les familles ?

Les familles constituent le creuset dans lequel les individus grandissent et les cultures se développent. Il n'y a pas de limites à la définition de la « famille », ni de restrictions quant au nombre d'adultes impliqués, ni de spécifications quant à leur sexe ou leur relation biologique avec les enfants. Cependant, comme les bébés naissent sans défense, ils ont besoin de quelqu'un pour s'occuper d'eux. Les personnes immédiatement responsables de leur prise en charge sont leur famille. Et pour que cela fonctionne, il faut qu'il y ait une communication, et donc un langage. Le langage peut être parlé ou signé, il peut y en avoir un ou plusieurs, mais ce qui est essentiel, c'est leur présence.

Les origines de l'acquisition du langage commencent avant la naissance. Contrairement aux autres sens, comme la vue ou le toucher, l'ouïe commence dans l'utérus et est fonctionnelle à partir du sixième ou septième mois de grossesse, bien que les sons soient étouffés. Cela signifie que, même avant la naissance, les fœtus entendent leur mère parler depuis plusieurs mois. Pour illustrer ce point, des chercheurs ont fait écouter des bandes audio en anglais et en tagalog (une langue austronésienne) à des nouveau-nés. Les bébés préfèrent ce qui leur est familier, ils seraient donc probablement plus intéressés par les langues qu'ils reconnaissent. Les résultats ont été spectaculaires. Les bébés dont la mère n'avait parlé que l'anglais pendant la grossesse ont fortement préféré les cassettes en anglais, mais ceux dont la mère avait parlé à la fois l'anglais et le tagalog pendant la grossesse ont manifesté le même intérêt pour les deux langues.[4] Bien que leur ouïe ne soit pas encore assez bonne pour distinguer les mots ou les sons isolés, les modèles de parole et le rythme spécifiques à chaque langue étaient clairement détectables et mémorisables. D'une certaine manière, la socialisation du bébé dans la famille, y compris la ou les langues qu'il parlera, commence donc avant la naissance.

Une expérience précoce de l'interaction humaine et du langage est cruciale pour le développement des enfants. Un exemple frappant des conséquences dévastatrices subies par les enfants élevés sans contact humain ni communication adéquats est décrit en détail dans un compte-rendu effrayant de chercheurs qui ont été amenés à s'occuper d'une situation particulière.[5] Après l'effondrement du régime roumain en 1989, de nombreux enfants ont été abandonnés et placés dans des institutions à travers le pays. Ces établissements manquaient toutefois de ressources adéquates, de sorte que les enfants étaient largement privés d'interaction humaine de base et souffraient de profonds troubles du développement. Le remède immédiat consistait à les placer dans des familles d'accueil qui interagissaient avec eux de manière « normale ». Cette expérience familiale a entraîné une amélioration impressionnante de leur développement. Plus tôt les enfants ont eu l'occasion de faire partie d'une famille, meilleurs sont les résultats. Les familles interagissent naturellement avec les enfants de leur foyer, bien qu'à des degrés différents, ce qui garantit raisonnablement que le langage se produira.

Définition du terme « bilingue »

Il est peu courant qu'une personne n'ait jamais été exposée à une autre langue ou qu'elle n'en ait jamais appris une, étant donné que des expériences comme l'éducation, les voyages ou l'immigration impliquent souvent une rencontre avec d'autres langues. Par conséquent, la notion de « monolingue pur » peut être rare. Cependant, il est difficile de déterminer le degré d'exposition ou de connaissance nécessaire pour qu'une personne soit considérée comme « bilingue ». Cette question a une réponse plutôt complexe.

Avant de déterminer si quelqu'un est bilingue, il est nécessaire de définir ce qu'on considère comme une langue. Habituellement, les langues sont des systèmes parlés, mais elles peuvent également être signées, comme l'American Sign Language (la langue des signes américaine), ou même inventées, comme la langue des signes nicaraguayenne qui a été créée par des enfants sourds pour communiquer entre eux. Ces langues des signes ont toutes les caractéristiques d'une langue courante et sont apprises de la même manière.[6]

Même en se limitant aux langues parlées, il n'est pas toujours facile de distinguer les langues les unes des autres. Certaines langues ont des variations régionales ou des dialectes, comme c'est le cas en Italie ou en France. La langue parlée dans l'intersection géographique de ces deux pays ressemble un peu à l'italien et un peu au français, mais n'est ni l'un ni l'autre car elle est basée sur une ancienne forme de provençal, qui est une langue distincte en elle-même. D'autres langues, appelées créoles, sont des mélanges simplifiés de deux ou plusieurs langues, comme le créole haïtien, qui combine le français et des langues africaines. Les dialectes et les créoles ne sont généralement pas écrits, ce qui peut les empêcher d'être considérés comme des langues à part entière.

Les similitudes entre les langues peuvent également être abordées de manière différente en fonction de l'objectif recherché. Par exemple, le néerlandais et le flamand sont parlés dans des pays différents, mais sont essentiellement la même langue, avec quelques différences légères de mots et de sons. Les langues diffèrent également selon leur registre, qui fait référence aux différences formelles (généralement écrites) et informelles (généralement parlées) de la langue. Cette différence de registre est appelée diglossie. Par exemple, l'arabe est diglossique car il existe une différence considérable entre la forme écrite (l'arabe standard moderne) et les versions parlées. De plus, les formes parlées varient parfois radicalement d'un pays à l'autre. Ainsi, il est compliqué de définir avec précision le nombre de langues qu'un locuteur lettré de l'arabe maîtrise.

Une fois que l'on est parvenu à un accord sur ce qui peut être considéré comme une langue, le défi suivant consiste à décider du niveau de maîtrise que doit atteindre un individu dans chaque langue pour être qualifié de bilingue. Faut-il exiger une maîtrise totale de la langue ? Est-il nécessaire de savoir lire et écrire ? Et que dire de ceux qui sont seulement capables de passer une commande dans un restaurant ou de se repérer dans les rues d'un pays étranger ? Si leur discours est marqué par un accent étranger ou des erreurs grammaticales fréquentes, cela modifie-t-il notre appréciation du bilinguisme ? Les réponses à ces questions sont influencées par les hypothèses individuelles, les préférences culturelles et les partis pris politiques.

Pour ces raisons, la question « Êtes-vous bilingue ? » est trompeusement simple et il peut être impossible d'y répondre. Pourtant, la réponse est au cœur de tout ce que nous savons des implications du bilinguisme. Par exemple, de nombreuses recherches ont examiné la possibilité que l'expérience bilingue ait un impact sur le développement cognitif et la structure du cerveau (voir chapitre 5), mais les résultats de toutes ces recherches peuvent dépendre de ce que l'on entend par « bilingue ».

En psychologie, la recherche compare souvent les résultats de deux groupes pour déterminer si la différence entre eux affecte un aspect de la performance. Les participants sont assignés à l'un des groupes, puis tous sont évalués à l'aide du même test ou système de mesure. Si les résultats globaux des deux groupes diffèrent, on en conclut que cela est dû à un élément lié à l'appartenance au groupe. Cependant, pour que l'étude fonctionne, il est essentiel que la seule différence pertinente entre les individus de chaque groupe soit le facteur étudié.

Imaginons, par exemple, une étude portant sur les différences de préférences en matière de jouets entre des enfants de 4 et 6 ans. Cette question peut se poser en raison d'un doute pratique dans une entreprise de jouets qui veut commercialiser une nouvelle gamme de jeux et qui souhaite savoir quel public cibler. En suivant la procédure standard, on peut former deux groupes : l'un composé d'enfants de 4 ans et l'autre d'enfants de 6 ans. On applique ensuite les tests de préférences en matière de jouets, puis on analyse statistiquement les réponses des enfants pour voir si elles sont fiables ou simplement dues à des variations aléatoires.

Si les résultats passent ces tests statistiques, on peut en conclure que les enfants de 4 ans et de 6 ans préfèrent des jouets différents. Toutefois, si dans le groupe des 4 ans, tous les sujets sont des filles, et dans le groupe des 6 ans, tous les sujets sont des garçons, aucune conclusion ne peut être tirée, même si les différences statistiques sont très convaincantes. Dans ce cas, le sexe des enfants est un « facteur de confusion », c'est-à-dire une variable qui ne fait pas partie de l'étude mais qui interfère avec le résultat. Lorsqu'une étude comporte des facteurs de confusion, il est impossible de tirer des conclusions car il est impossible de savoir quel facteur est responsable des résultats, c'est-à-dire s'il s'agit du facteur principal de l'expérience (l'âge) ou du facteur de confusion (le sexe).

Cette procédure de comparaison des groupes est largement utilisée dans la recherche psychologique et, à condition qu'il n'y ait pas de facteurs de confusion, elle constitue un moyen fiable de comprendre comment un groupe peut différer d'un autre. En utilisant cette approche, des études ont comparé des groupes d'enfants de 4 ans et de 6 ans dans une tâche de raisonnement cognitif et ont montré une meilleure performance des enfants plus âgés.[7] Dans une autre étude, des jeunes adultes ont été comparés à des adultes plus âgés dans l'exécution d'une tâche de mémoire, révélant de meilleures performances chez les jeunes adultes.[8] D'autres études encore ont comparé des hommes et des femmes dans une tâche de traitement spatial et ont montré que les hommes ont obtenu de meilleurs résultats que les femmes.[9] De même, des musiciens et des non-musiciens ont été comparés dans une tâche de perception auditive et il en ressort que les musiciens ont une perception auditive plus aiguë que les non-musiciens.[10] Comme les critères d'appartenance à un groupe sont clairs et que la tâche est liée à une hypothèse sur la différence entre ces groupes, les résultats peuvent être facilement interprétés et utilisés pour étayer des déclarations générales sur le groupe. Nous pouvons donc conclure de ces études que les enfants plus âgés raisonnent mieux que les enfants plus jeunes, que les jeunes adultes ont une meilleure mémoire que les adultes plus âgés, que les hommes traitent mieux les informations spatiales que les femmes et que les musiciens perçoivent mieux les discriminations auditives que les non-musiciens. Mais contrairement à ces divergences individuelles, le bilinguisme n'est pas une catégorie binaire.

Pour appliquer la méthode standard de comparaison entre groupes à la recherche sur le bilinguisme, il faudrait se mettre d'accord sur les critères d'appartenance à un groupe. Comme nous l'avons vu, ces critères ne sont pas évidents.[11,12] Cependant, la situation est encore plus problématique pour une grande partie de la recherche sur le bilinguisme, car la décision quant au groupe auquel les participants doivent être affectés - le groupe monolingue ou le groupe bilingue - est souvent prise par les participants eux-mêmes.

Nous pouvons prendre pour exemple une étude récente qui a tenté d'établir si le bilinguisme avait un impact sur la fonction cognitive, une question abordée au chapitre 5. Les chercheurs ont évalué les résultats de milliers de participants qui ont rempli une série de tâches cognitives sur Internet. Le rapport a indiqué qu'il n'y avait pas de différences significatives dans les résultats des tests de comparaison entre les groupes monolingues et bilingues, ce qui permet de conclure que le bilinguisme n'a aucun effet sur la cognition.[13] Mais comment les participants décidaient-ils de leur appartenance à un groupe ? Les chercheurs leur ont demandé de répondre à une seule question : « Combien de langues parlez-vous ? » Comme nous l'avons déjà vu, cette question est chargée d'hypothèses, notamment ce qui compte comme une « langue » et ce qui compte comme « parler » ? Pour cette raison, il est peu probable que l'on puisse conclure quoi que ce soit de cette étude.

Le bilinguisme est difficile à définir, et la recherche sur le bilinguisme est difficile à mener, mais malgré les défis décrits dans ce livre, nous avons pu apprendre beaucoup de choses sur le bilinguisme et les effets qu'il a (et n'a pas) sur le développement des enfants.

En ce qui concerne la terminologie utilisée pour décrire les enfants élevés dans plus d'une langue, il n'y a pas de consensus clair. La plupart de la recherche sur le bilinguisme et le développement des enfants bilingues se concentre sur les États-Unis, un contexte unique à bien des égards. Les enfants bilingues aux États-Unis sont souvent d'origine hispanophone, avec des expériences et des compétences en espagnol très variées, et proviennent généralement de milieux socioéconomiques défavorisés, ce qui peut entraîner des problèmes dans leur scolarité.[14] Étant donné que ces enfants apprennent souvent l'anglais et sont très probablement éduqués dans cette langue, leur niveau de bilinguisme est largement déterminé par leurs progrès dans la maîtrise de l'anglais.

Dans la recherche, les experts américains utilisent différents termes pour décrire ces enfants, tels que les apprenants de l'anglais

(*English Language Learners* ou ELL), les apprenants bilingues (*Dual Language Learners* ou DLL), les apprenants à maîtrise limitée de l'anglais (*Limited English Proficiency Learners* ou LEP), les apprenants de la minorité linguistique (*Language Minority* ou LM) et les apprenants de l'anglais seulement (*English Only* ou EO). Cependant, tous ces termes évaluent les compétences linguistiques des enfants en partant du principe que l'anglais est la norme à laquelle tout le monde est jugé. Ils reflètent également le contexte spécifique des enfants hispanophones qui grandissent aux États-Unis et ne décrivent pas la situation plus large des enfants qui parlent une langue à la maison et une autre à l'école ou dans leur communauté.

En dehors des États-Unis, les enfants qui parlent une langue d'origine à la maison ne partagent pas nécessairement les mêmes profils socioéconomiques ou de réussite scolaire. Pour cette raison, les chercheurs Luk et Kroll[15] ont proposé le terme plus neutre de « bilingues émergents ». Ce terme n'implique aucun jugement sur la valeur, le statut ou la compétence des langues elles-mêmes, mais plutôt un groupe d'enfants ayant eu la possibilité d'apprendre plus d'une langue, sans préjugé quant aux résultats.

Familles, environnements et cultures

Si nous demandions aux membres d'une famille plurilingue quelle langue ils utilisent pour communiquer entre eux, certains pourraient répondre : « Nous parlons toujours portugais (ou urdu, ou espagnol, ou cantonais, ou autre) à la maison parce que les enfants entendent toujours l'anglais (ou le français, ou l'espagnol, ou autre) à l'école et dans la communauté ». Ce type d'arrangement est courant chez les familles qui cherchent à préserver une langue d'origine tout en vivant dans une communauté où la langue principale est différente. Une autre famille pourrait répondre : « Mon mari ne parle que polonais et moi, je ne parle qu'anglais. Étonnamment, nos enfants ont la capacité de répondre dans la langue correspondante à chacun d'entre nous ». Cette famille suit la règle populaire « Un parent, une langue » (UPUL). D'autres familles, plus conscientes de leur situation, pourraient accepter un certain niveau de chaos linguistique et déclarer : « Nous parlons le *spanglish* (ou le *franglais*, ou le *chinglish*) ».

Ces arrangements correspondent à trois contextes que les chercheurs proposent pour décrire la façon dont les bilingues utilisent leurs langues dans différentes situations de la vie réelle.[16] Ces contextes nous aident également à comprendre comment les familles bilingues peuvent intégrer les langues à la maison. Le premier cas, appelé « contexte unilingue », correspond à l'idée que chaque langue a sa place. Cet arrangement est le moins déroutant : quand vous êtes à la maison, vous parlez cette langue ; quand vous êtes dehors, vous parlez cette autre langue. Cela permet de s'assurer que les enfants atteignent une maîtrise raisonnable des deux langues. Dans le second cas, appelé « contexte de double langue », des langues différentes sont parlées à des personnes différentes dans le même foyer. Contrairement au contexte unilingue, le fait de savoir où l'on se trouve (le foyer) n'est pas une information suffisante pour garantir que la bonne langue est parlée, car il faut également prêter attention à l'identité du locuteur. Le dernier arrangement, appelé « alternance codique dense », est la situation dans laquelle tous les membres de la famille peuvent utiliser les deux (ou toutes les) langues et passer librement de l'une à l'autre. Les visiteurs sont parfois déconcertés par la variété linguistique qu'ils trouvent dans ces foyers.

Comme la vie en famille est rarement aussi simple qu'il y paraît, il peut y avoir d'autres arrangements. Dans les foyers multigénérationnels où les parents et leurs enfants ne sont pas les seuls à vivre ensemble, il peut y avoir des règles supplémentaires sur la façon de parler aux grands-parents ou aux membres de la famille élargie, ou des situations où seuls les enfants sont bilingues et servent de traducteurs pour leurs parents. De nombreuses anecdotes circulent également sur des foyers où les parents insistent pour parler la langue d'origine et tentent d'imposer un contexte monolingue, alors que les enfants insistent pour parler la langue de la communauté et passer au contexte bilingue. Ces règles sont constamment modifiées par la situation unique à laquelle chaque famille est confrontée. Il est possible, par exemple, qu'un seul parent parle la langue d'origine, ou que le père en parle une et la mère une autre. Il peut également arriver que les parents maîtrisent mal la langue de la communauté ou qu'ils ne la parlent pas du tout. Il existe tellement de configurations que les règles ci-dessus sont au mieux des simplifications excessives.

Néanmoins, les trois contextes de base reflètent la plupart des situations familiales. Dans quelle mesure sont-ils réalistes ? Certains sont-ils meilleurs que d'autres ? Comment les familles devraient-elles gérer les langues ?

Les familles offrent sécurité, soins et bonheur, et la communication est la matière sous-jacente qui réunit tous ces éléments. La communication, bien sûr, se fait par le biais du langage, qui est l'outil qui permet aux familles de remplir leurs fonctions sociales. *Toutefois, la langue ne doit pas être un obstacle à la communication.* Les familles ne doivent pas négliger la fonction parentale en essayant de transformer le foyer en une sorte de classe de langue. Les règles concernant les langues que les individus doivent parler peuvent avoir un sens pédagogique à l'école, mais elles n'ont aucune logique communicative à la maison avec la famille. La communication est toujours primordiale.

Prenons l'exemple populaire du système « Un parent, une langue ». Cette stratégie a été proposée pour la première fois par le linguiste français Jules Ronjat, qui souhaitait élever son fils de manière à ce qu'il parle à la fois le français et l'allemand, la langue de sa femme.[17] Il a documenté les progrès de son fils en matière de bilinguisme, en faisant valoir qu'il fallait respecter strictement les règles. Cette approche est toujours considérée comme un moyen efficace d'élever des enfants bilingues.[18] L'idée est que le fait d'attribuer à chaque parent l'une des langues cibles simplifiera l'environnement bilingue en le rendant plus prévisible et améliorera les résultats linguistiques des enfants. En utilisant ce système, l'argument est que les enfants entendront suffisamment chaque langue et auront suffisamment d'occasions d'utiliser chacune d'entre elles pour une communication significative. C'est une belle idée, mais cela fonctionne-t-il ?

Le problème avec cette approche est qu'elle met à l'épreuve les limites du principe précédemment énoncé selon lequel la langue ne doit pas constituer un obstacle à la communication. Que se passe-t-il lorsque les parents se parlent et que l'enfant arrive ? Changent-ils de langue ? Les règles sont-elles abandonnées lorsqu'il y a des visiteurs à la maison ? Combien d'erreurs sont tolérées lorsqu'il manque des mots dans la langue requise ? Est-il possible de remplacer un mot par un autre dans l'autre langue ? Et la question la plus déconcertante pour moi : Dans quelle langue la famille parle-t-elle autour de la table du dîner ? Malgré ses éventuelles vertus pédagogiques, cette approche a quelque chose d'intrinsèquement contre nature, du moins si elle est appliquée strictement.

Au-delà de ces considérations pratiques, est-ce que l'approche « un parent, une langue » est la meilleure façon d'assurer aux enfants un haut niveau de compétence dans deux langues ? Certaines recherches montrent que ce n'est pas le cas. De nombreuses études ont été menées sur cette question, mais l'une d'entre elles se distingue par la taille importante de son échantillon. Pour cette étude, la linguiste belge Annick De Houwer[19] a envoyé des questionnaires à près de 20 000 familles vivant dans une région de Belgique où la langue communautaire est le néerlandais. À partir de cette enquête massive, elle a identifié près de 2 000 familles qui étaient bilingues dans une certaine mesure, car en plus du néerlandais, elles parlaient une des 73 langues différentes à la maison. Ces familles ont ensuite été incluses dans une étude sur la manière dont la langue était utilisée à la maison, y compris les estimations de la compétence des enfants à la fois en néerlandais et dans l'autre langue. L'objectif était de déterminer s'il existait une relation entre la façon dont les langues étaient utilisées à la maison et le niveau de bilinguisme des enfants. Deux résultats ressortent de cette étude. Le premier est que, indépendamment du choix de la langue, des règles et des habitudes d'utilisation à la maison, tous les enfants avaient atteint un niveau élevé de compétence en néerlandais. Ce résultat est important car il signifie que les parents n'ont pas à s'inquiéter de l'apprentissage de la langue de la communauté par les enfants : ils l'apprendront à l'école et dans leurs interactions sociales. Le deuxième résultat est que les familles qui ont suivi la règle « un parent, une langue » n'ont pas produit des enfants plus compétents dans la langue du foyer que les familles qui ont mis en œuvre d'autres configurations.

La maîtrise de la langue parlée à la maison n'est liée qu'à la quantité d'exposition à cette langue. L'identité du locuteur ou les règles d'utilisation ne font aucune différence. Comme tous les enfants ont appris le néerlandais à un niveau élevé, plus la langue d'origine était utilisée à la maison, plus ils devenaient compétents dans cette langue. Ce n'est qu'une question de quantité : aucune règle spéciale n'est nécessaire pour désigner qui doit parler cette langue. Ce résultat conduit à une recommandation simple et pratique : utiliser la langue d'origine autant que possible à la maison et laisser la communauté s'occuper de l'autre langue.

Une langue, deux langues, trois langues, plus ?

On entend souvent la phrase « Nous ne parlons qu'une seule langue à la maison car nous ne voulons pas embrouiller nos enfants ». La protection des enfants est l'un des instincts universels qui motivent les décisions des parents. Cependant, comme expliqué au chapitre 5, au cours de la première moitié du XXème siècle, l'idée s'est répandue que l'utilisation de deux langues créait une « confusion mentale » chez les enfants.[20] Malgré l'immense quantité de recherches qui contredisent cette idée, elle persiste encore aujourd'hui.

Les environnements plurilingues ne sont pas du tout « déroutants » pour les enfants. L'apprentissage des langues est toujours différent pour chaque enfant et chaque famille, même dans les foyers monolingues. Certains enfants sont simplement plus « verbaux » que d'autres et apprennent la langue plus rapidement et plus complètement, mais d'autres facteurs dans l'environnement familial ont également un impact sur ce processus. Le statut socioéconomique (SSE) est de loin le plus important d'entre eux. À l'âge de 18 mois, les bébés issus de familles de statut socioéconomique faible connaissent nettement moins de mots que les enfants issus de contextes de statut socioéconomique plus élevé, un écart qui s'accroît avec l'âge[21] et se manifeste également chez les enfants qui apprennent deux langues à la maison.[22] Certains chercheurs ont estimé que ce problème était si grave qu'ils ont proposé qu'à l'âge de 3 ans, les enfants issus de familles les plus riches aient entendu 30 millions de mots de plus que les enfants issus de familles les plus pauvres.[23] Cette différence s'appelle l'écart entre les mots. Des analyses plus récentes de ces données aboutissent à une conclusion plus modeste : plus proche de 4 millions de mots.[24] Bien que les chiffres puissent être surestimés, ce qui reste incontesté, c'est qu'il existe des différences omniprésentes dans l'environnement familial des enfants qui peuvent être attribuées à l'impact du statut socioéconomique sur l'apprentissage des langues.

La différence d'apprentissage des langues entre les familles de statut socioéconomique élevé et faible s'explique en grande partie par la quantité de langues parlées dans chaque contexte. Par exemple, l'exposition qui a lieu dans un statut socioéconomique élevé permet la formation de vocabulaires plus riches. En revanche, la différence d'apprentissage des langues entre les familles monolingues et bilingues s'explique par le nombre de langues. La présence de plus d'une langue est la caractéristique déterminante des foyers bilingues, mais le degré d'exposition des enfants à chaque langue est la caractéristique la plus importante pour déterminer le développement bilingue. Dans ce cas, la situation n'est plus similaire au SSE. Il y a une limite à la quantité de paroles qui peuvent être prononcées en une seule journée, et si deux langues sont parlées à la maison, alors logiquement cette parole doit être divisée entre elles.

Encore une fois, nous revenons aux mathématiques. Si un enfant bilingue entend environ la moitié de chaque langue qu'un enfant monolingue, les apprendra-t-il de la même manière que le monolingue, mais seulement à moitié ? La réponse est non ! En moyenne, un enfant bilingue connaîtra moins de mots de chaque langue qu'un enfant monolingue qui n'en parle qu'une (voir la discussion au chapitre 3), mais l'acquisition d'une langue est bien plus qu'une simple accumulation de mots, même si ceux-ci sont évidemment importants. Les enfants bilingues connaissent également des mots dans une autre langue, et ils sont très stratégiques et tirent parti de toutes les ressources à leur disposition afin d'améliorer la communication, même si cela implique d'emprunter des mots de l'autre langue. Bien entendu, les compétences des enfants se développeront davantage dans la langue à laquelle ils sont le plus exposés. Là encore, c'est la quantité qui compte. Cependant, rien ne prouve que cette différence de vocabulaire interfère avec leur capacité à utiliser la langue de manière complexe, ce qui est plus important que les résultats d'un test de vocabulaire.[25] Les recherches sur l'acquisition d'un langage bilingue ont révélé des différences importantes entre les enfants et les différents contextes d'apprentissage, mais les étapes et les trajectoires de développement sont similaires pour les enfants, qu'ils apprennent une ou plusieurs langues, ce qui devrait rassurer les parents.[26]

En plus d'apprendre deux langues au lieu d'une, les enfants bilingues doivent également apprendre à les différencier, en particulier si elles sont parlées par les deux parents. Mais comment y parviennent-ils ? La découverte étonnante est que même les bébés préverbaux, qui ne parlent pas encore, sont capables de distinguer les deux langues dans leur environnement.[4] Ils peuvent se concentrer sur la langue utilisée sans la confondre avec l'autre[27], et détecter le changement de langue d'un locuteur même en regardant simplement une vidéo sans le son.[28] Dès la petite enfance, avant même de prononcer un mot, les enfants comprennent que les deux langues sont considérées comme des systèmes différents, il n'y a donc aucune raison de s'attendre à ce qu'elles soient source de confusion. D'ailleurs, dans une étrange extension de cette idée, il a été démontré récemment grâce à l'imagerie par résonance magnétique (IRM) que même les chiens peuvent faire la différence entre les langues et distinguer celles qu'ils ont entendues de celles qui sont nouvelles...[29] Bien que je doute que ces résultats aient des implications pour l'apprentissage des langues par les enfants, il est fascinant de se demander si les humains sont aussi doués que nos amis à quatre pattes pour différencier les langues.

Peut-on être certain que les enfants ne sont pas désorientés et qu'ils sont capables d'apprendre toutes les langues parlées à la maison ? Existe-t-il une limite au nombre de langues qu'ils peuvent assimiler ? Les raisons pour lesquelles les parents peuvent vouloir que leurs enfants apprennent trois langues ou plus sont nombreuses. Dans de nombreuses familles, plusieurs langues d'origine sont parlées, et il est naturel que les parents souhaitent que leurs enfants soient liés à toutes ces composantes. Cependant, est-ce une bonne idée ? Est-ce même réalisable ?

La contrainte principale au nombre de langues qu'un enfant peut apprendre est le temps, une limitation importante. Nous avons déjà vu que l'acquisition d'une langue nécessite un temps suffisant pour l'écouter et la pratiquer. Cela peut être particulièrement difficile pour les enfants issus de milieux défavorisés, car ils ont moins d'exposition à la langue en général. En comparaison aux enfants monolingues, les enfants bilingues ont souvent un vocabulaire plus restreint dans chaque langue, donc l'ajout de nouvelles langues peut encore davantage diluer le temps et les ressources. Le calcul est simple : avec un nombre limité d'heures dans une journée et un nombre raisonnablement constant d'interactions entre les enfants et les parents, la répartition de ce temps entre plusieurs langues laisse logiquement moins de place à chacune d'entre elles. En principe, moins de temps conduit à moins de compétences. Cela ne signifie pas que les parents ne devraient pas initier leurs enfants à toutes les langues qu'ils souhaitent leur faire apprendre, mais plutôt qu'ils doivent être réalistes quant aux résultats qu'ils peuvent attendre.

En outre, il est essentiel de souligner comment les différentes langues sont représentées dans l'esprit. Cette configuration particulière peut expliquer une grande partie des recherches sur les effets du bilinguisme abordées dans cet ouvrage. Si nous devions construire un cerveau pour stocker la connaissance de deux langues (ou plus), nous attribuerions probablement à chacune son propre compartiment et nous installerions un interrupteur pour signaler laquelle est utilisée à un moment donné. De cette manière, il n'y aurait aucune confusion : lorsque nous parlons français, l'interrupteur serait positionné sur le français, et aucune interférence de l'anglais ne pourrait s'interposer. Cependant, il n'y a pas de commutateur pour les langues ![30] Lorsqu'un locuteur parle l'une d'entre elles, toutes les langues qu'il parle restent actives dans le cerveau en même temps, bien que cela ne soit pas conscient. Cela semble risqué car il devrait être facile de glisser et de produire la mauvaise langue, mais les bilingues le font rarement. L'explication habituelle de la façon dont les bilingues évitent de telles intrusions est qu'ils font appel à des mécanismes d'attention générale pour se concentrer sur la langue dont ils ont besoin. Ces processus d'attention générale font partie de la fonction exécutive (abordée au chapitre 5) et, en raison de leur utilisation constante dans la sélection de la langue, ces processus sont modifiés par une utilisation intensive chez les bilingues.

Revoir les familles bilingues

Les familles bilingues sont extrêmement diverses, mais certaines caractéristiques communes se dégagent. Tout d'abord, les enfants apprennent les deux langues, mais pas de manière égale, quelle que soit la règle ou l'habitude d'utilisation des langues dans le foyer bilingue. En général, la langue de la communauté devient dominante, surtout lorsque les enfants commencent à fréquenter l'école et à interagir avec les autres dans cette langue. La maîtrise de la langue du foyer dépendra de la quantité et de la qualité des occasions offertes aux enfants pour l'apprendre et l'utiliser. Deuxièmement, les détails de l'environnement familial, tels que le statut socioéconomique, l'éducation des parents, la présence de frères et sœurs, la quantité d'interactions verbales entre les adultes et les enfants et la présence ou l'absence d'alphabétisation, ont un impact prévisible sur le développement du bilinguisme des enfants.

Il existe une autre dimension importante que nous n'avons pas encore abordée : les familles bilingues sont souvent des familles biculturelles, et la langue est la clé pour ouvrir cette partie de la vie de l'enfant. Dans certains cas, des rituels entiers sont fondamentaux pour les croyances et l'identité des familles et nécessitent une certaine maîtrise d'une autre langue. Dans d'autres cas, la présence de grands-parents ou d'autres membres de la famille élargie exige que les enfants aient au moins des compétences de base en communication, mais la récompense est l'accès à différentes cultures et visions du monde qui font partie de l'héritage de l'enfant. Les enfants apprennent bien plus qu'une simple langue, et les connaissances culturelles qui font partie d'un foyer bilingue sont tout aussi importantes pour leur développement que la langue dans laquelle cette culture est transmise.

Dans une proposition intéressante sur la manière dont les bébés bilingues séparent les deux langues dans leur environnement, Padmapriya Kandhadai et ses collègues[31] suggèrent que le processus peut dépendre d'informations culturelles, ce qui conduit à ce qu'ils appellent la « liaison culturelle ». Les langues sont souvent associées à des caractéristiques culturelles telles que l'ethnicité, la nourriture, la musique, etc. En remarquant ces associations, les enfants peuvent renforcer leur capacité à distinguer les systèmes de parole dans leur environnement.

Toutes les familles bilingues sont uniques et font face à des défis inévitables de manière différente, mais elles partagent des résultats similaires : les enfants apprennent les langues du foyer et la langue de la communauté. Bien sûr, il existe de nombreuses anecdotes d'enfants qui entrent dans une période de rébellion au cours de laquelle ils refusent de parler la langue du foyer parce qu'ils trouvent gênant d'être différents de leurs camarades assimilés. Cependant, les conflits générationnels de ce type existent au-delà de toute dispute sur la langue : les enfants sont naturellement opposés à leurs parents ! Les défis sont récompensés à long terme, car les familles apprennent à accepter, à s'adapter et à ajuster leur périple.

Points à retenir

- La communication au sein de la famille est un mécanisme essentiel au développement général et à l'acquisition du langage, indépendamment de la langue utilisée.
- La quantité de langue familiale que les enfants entendent et utilisent est le facteur le plus important pour déterminer la qualité de leur apprentissage linguistique.
- Les enfants issus de familles plurilingues comprennent la distinction entre les langues apprises dans leur enfance et la présence de plusieurs langues ne les perturbe pas.

Chapitre 2
Le bon moment pour devenir bilingue

Si vous interrogez quelqu'un dans la rue sur qui apprend mieux les langues, les enfants ou les adultes, il répondra probablement « Les enfants, bien sûr ! » avec des anecdotes personnelles ou des maximes populaires comme « Les enfants absorbent les langues comme des éponges ». Cependant, la réponse est plus complexe qu'il n'y paraît. L'âge est lié à une variété de facteurs, tels que la première ou deuxième langue, l'apprentissage naturel ou en classe, avec ou sans alphabétisation, et dans quel but. Bien que ces détails puissent entraîner des différences dans les situations d'apprentissage des langues, elles sont souvent regroupées sous la catégorie unitaire de « l'âge ». On suppose alors que les différences imposées par ce facteur sont si importantes qu'aucun autre facteur ne doit être pris en compte. Cependant, même si l'âge est un facteur important, les explications courantes de cet effet ne sont pas étayées par des preuves.

Pourquoi l'âge est-il important ?

La croyance selon laquelle l'âge est le facteur déterminant pour les résultats de l'apprentissage des langues découle d'un concept appelé « période critique ». Cette notion est centrale dans une variété de réalisations développementales et biologiques, et indique que pour qu'un développement significatif se produise, l'expérience particulière doit avoir lieu dans une période spécifique de la maturation de l'apprenant. Un exemple célèbre de période critique nous vient du monde animal, appelé « l'empreinte filiale ». Il existe une période pendant laquelle les oiseaux qui éclosent ainsi que certains mammifères nouveau-nés développent un attachement à leur mère et la suivent partout. Cet attachement est appelé l'empreinte filiale et est un arrangement bénéfique : tant que les bébés restent près de leur mère, celle-ci les nourrit et les protège, augmentant ainsi leurs chances de survie et d'épanouissement. Il s'agit d'une idée ancienne qui a été comprise sous une forme ou une autre pendant des centaines d'années, mais elle a été affinée et popularisée par Konrad Lorenz[32] qui a démontré que l'empreinte chez les poussins d'oies avait lieu entre 13 et 16 heures après l'éclosion. Lorenz a même réussi à induire l'empreinte sur lui-même plutôt que sur la mère des poussins en étant la première chose qu'ils voyaient pendant cette période critique, un résultat rendu célèbre par des photographies de lui marchant dans un champ, suivi d'une file d'oies. Cependant, il s'avère que l'empreinte s'est produite sur les bottes jaunes de Lorenz et non sur sa personne. Néanmoins, les poussins se sont attachés à autre chose que leur mère simplement parce que quelque chose d'approprié s'est présenté au bon moment.

La démonstration sur les poussins d'oies a fourni un exemple clair de la manière dont une période biologiquement limitée garantit le développement d'une capacité essentielle à la survie : l'attachement à la mère. Ces travaux pionniers ont servi de modèle pour les études futures des périodes critiques qui lient le développement aux conditions biologiques. Bien que les périodes critiques soient des contraintes innées et jouent un rôle important dans les résultats futurs, y compris dans le développement humain, la science peut être biaisée par la politique, comme nous le verrons au chapitre 3 lors d'une discussion sur les premières conceptions de l'intelligence. Les idées de Lorenz sur les comportements innés et leur rôle dans la sélection des groupes ont été utilisées pour soutenir les politiques eugéniques du parti nazi auquel il avait appartenu, bien qu'après la Seconde Guerre mondiale, il ait renoncé à son appartenance au parti. Cependant, ses vues eugénistes reposaient sur un rôle surdimensionné des forces innées sur le comportement, une idée qu'il a largement développée dans ses recherches. Il est impossible de savoir si sa politique a influencé sa science ou vice versa, mais il est clair que les deux étaient étroitement liées.

Que Lorenz ait détourné ou non le concept à ses propres fins, ses recherches ont confirmé que les périodes critiques sont essentielles au développement, y compris au développement humain, sous une forme ou une autre. Par exemple, plusieurs périodes critiques ont été identifiées pour le développement visuel, montrant que l'expérience visuelle est nécessaire pendant des périodes spécifiques après la naissance pour que l'enfant développe une perception visuelle normale.[33] Certains enfants naissent avec des cataractes denses qui obstruent la lumière structurée, de sorte que le monde apparaît flou. Jusqu'à récemment, bon nombre de ces enfants n'étaient pas traités immédiatement, ce qui créait une période pendant laquelle ils étaient privés d'expérience visuelle. Les recherches ont montré qu'il y avait une période après la naissance pendant laquelle les cataractes devaient être retirées pour que la vision se développe normalement. Si cela ne se produisait pas, la privation précoce de la vue entraînait une perception visuelle anormale tout au long de la vie. Heureusement, il est aujourd'hui possible de détecter ces cataractes très tôt, généralement à la naissance, et une simple intervention chirurgicale suffit pour les enlever et restaurer la vision immédiatement. Cet exemple est un cas clair de période critique, car il est essentiel que le bébé ait une expérience visuelle dans les mois qui suivent la naissance pour que le traitement visuel se développe normalement.

Y a-t-il une période critique pour l'apprentissage des langues ? Le langage est un élément complexe du monde cognitif, différent de la vision ou de la réponse des poussins d'oies pour l'empreinte filiale. On ne prétend pas que les poussins ont une expérience consciente ou inconsciente de l'attachement à leur mère, mais plutôt qu'ils sont programmés pour suivre la première chose en mouvement durant la période critique suivant l'éclosion. Le langage est considéré comme une caractéristique humaine fondamentale, et bien que tous les humains l'apprennent d'une manière ou d'une autre, une période critique pour son acquisition pourrait exclure certains individus de cette capacité. La question de l'existence d'une période critique pour l'acquisition du langage a donc des implications majeures.

Apprenez d'abord une langue

Avant d'aborder la question d'une possible période critique pour l'apprentissage des langues, il convient de faire une distinction entre l'apprentissage d'une langue en général et l'apprentissage de langues supplémentaires au-delà de la première, voire de plusieurs langues en même temps. Autrement dit, y a-t-il une fenêtre de temps pour l'acquisition d'une langue ? Selon la perspective de la période critique, pour que le développement se déroule normalement, l'exposition à une langue doit se produire dans une période spécifique. Cependant, une fois qu'une langue est acquise, il est possible pour le système d'en apprendre d'autres, quel que soit le moment où cela se produit.

L'idée peut sembler logique, mais il est incroyablement difficile de vérifier s'il existe une période critique pour l'acquisition d'une première langue. L'étalon-or de la recherche est l'essai contrôlé randomisé, où des individus sont répartis aléatoirement entre plusieurs groupes, des traitements différents sont administrés aux groupes, et les résultats sont comparés. Cette méthode est utilisée dans les essais cliniques de médicaments, où un groupe reçoit le médicament et l'autre un placebo. Si l'étude est rigoureusement conçue et si l'on observe une amélioration de l'état de santé du groupe ayant reçu le médicament, on considère que le médicament est efficace pour traiter la maladie en question. Les comités d'éthique universitaires ne seraient pas en mesure d'approuver une étude qui consiste à répartir au hasard les nouveau-nés dans des groupes « langage » et « pas de langage » ! Cependant, il existe des circonstances naturelles dans lesquelles les enfants sont privés d'exposition au langage dès le début de leur vie, ce qui crée les conditions nécessaires pour tester le rôle d'une période critique dans l'acquisition d'une première langue d'une manière quelque peu expérimentale.

Il y a quelques cas extrêmes d'enfants qui ont été privés de toute exposition au langage en raison d'abus, de négligence ou de limitations médicales. Le plus célèbre de ces cas est celui de Génie, une enfant qui a été essentiellement enfermée dans une pièce entre l'âge de 18 mois et 13 ans environ.[34] Une fois découverte en 1970, elle a reçu l'attention des meilleurs psycholinguistes de l'époque qui ont tenté de lui apprendre le langage et de lui redonner une certaine qualité de vie. Elle était également considérée comme le « cas type » qui allait permettre de répondre à la question de savoir s'il est possible d'apprendre une première langue après la période critique. Malgré des années d'enseignement et de thérapie, Génie n'a jamais acquis une grande maîtrise du langage. Cependant, les sévices extrêmes et les circonstances exceptionnelles de son enfance ne permettent pas de tirer de conclusions sur le rôle d'une période critique biologique dans son histoire tragique. En fait, cette situation n'a jamais constitué un bon test pour l'hypothèse de la période critique, car Génie a été exposée au langage jusqu'à l'âge de 18 mois, qui est probablement au-delà de la fin de toute période critique.

Une expérience naturelle plus clémente consiste à étudier des enfants nés sourds de parents entendants, qui ne reçoivent donc aucun apport linguistique jusqu'à ce que leur état soit découvert et qu'ils puissent interagir avec des locuteurs d'une langue des signes, telle que l'American Sign Language (ASL ou Langue des signes américaine), et apprendre d'eux. L'ASL possède toutes les caractéristiques de toute autre langue naturelle, y compris la phonologie, le vocabulaire, la grammaire, etc., mais elle est transmise visuellement par des signes plutôt qu'oralement par la parole. Rachel Mayberry et ses collègues étudient l'acquisition de l'ASL depuis de nombreuses années[35] et ont produit des preuves convaincantes montrant que, qu'il y ait ou non des périodes critiques dans l'établissement d'une première langue, il y a clairement des effets liés à l'âge sur ce développement. Mayberry a testé des adultes nés sourds et a évalué leur niveau de maîtrise de l'ASL en fonction du moment où ils ont commencé à l'apprendre. Les personnes qui ont commencé à apprendre l'ASL au cours des deux premières années de leur vie ont développé une maîtrise de la langue similaire à celle des locuteurs natifs pour lesquels l'ASL a été introduit dès la naissance. En général, cette exposition précoce a lieu lorsque les parents sont également sourds et que l'ASL est leur première (et peut-être seule) langue. Cependant, les personnes qui ont été exposées tardivement à l'ASL parce qu'elles n'ont pas pu interagir avec la communauté ASL avant d'être des enfants plus âgés n'ont jamais développé des compétences en ASL au niveau des locuteurs natifs, et malheureusement, puisque c'était leur seule langue, n'ont jamais développé un contrôle similaire à celui des locuteurs natifs d'aucune langue. Des résultats similaires ont été rapportés par Elissa Newport[36] qui a comparé la maîtrise de l'ASL chez les adultes sourds qui ont été exposés pour la première fois à la langue des signes à la naissance, à un stade précoce (4 à 6 ans) ou plus tard (après 12 ans). Comme dans la recherche de Mayberry, les résultats ont révélé une meilleure maîtrise de l'ASL par les apprenants les plus précoces, et une maîtrise incomplète par les apprenants les plus âgés. Ces tendances sont cohérentes avec l'hypothèse d'une période critique pour l'apprentissage d'une première langue.

L'idée qu'il existe une période critique biologiquement déterminée pour l'acquisition de la première langue a également été explorée du point de vue des composantes neurales, perceptives et cognitives nécessaires à l'acquisition du langage. Janet Werker et Takao Hensch[37] décrivent les développements biologiques du cerveau au cours des deux premières années de la vie, nécessaires pour pouvoir identifier et distinguer les sons et les motifs qui constituent la base de l'apprentissage du langage. Ces capacités sont ensuite rattachées à des périodes critiques spécifiques qui ont un début et une fin précis et, dans de nombreux cas, des bases biologiques connues. Par conséquent, Werker et Hensch affirment qu'au cours des deux premières années, il existe plusieurs périodes critiques au cours desquelles les mécanismes sous-jacents de l'apprentissage d'une langue sont établis. Commencer l'apprentissage d'une langue après cette période, par exemple après l'âge de 2 ans, ne conduira pas à une acquisition typique et complète de la langue en raison de la maturation biologique manquée. Leur conclusion est qu'au cours des deux premières années de la vie, il existe des opportunités biologiques qui offrent les conditions favorables à cet apprentissage.

Et puis ajoutez-en d'autres

Il est clair que l'apprentissage d'une langue, quelle qu'elle soit, doit se faire pendant une période de développement biologique, soit au cours des deux premières années de la vie. Mais une fois qu'une personne maîtrise une langue, est-ce que les pressions biologiques continuent à limiter le moment où il est préférable ou même possible d'en apprendre une autre ? C'est l'idée sous-jacente à l'affirmation selon laquelle les enfants apprennent mieux les langues que les adultes. L'argument est qu'il existe un moment privilégié pour l'apprentissage d'autres langues, tout comme pour l'apprentissage de la première langue, et que l'acquisition au-delà de ce moment ne sera pas aussi réussie. Cette notion étend l'idée de la période critique aux langues secondes. De plus, la connaissance d'une langue établit-elle le mécanisme linguistique par lequel d'autres langues peuvent simplement y être ajoutées à tout moment ? Quels éléments nous permettent de trancher entre ces possibilités ?

Contrairement aux tests relatifs à une période critique pour l'acquisition de la première langue, la question appliquée aux langues secondes ne nécessite pas d'arracher les enfants à leurs parents et de les répartir au hasard dans des environnements linguistiques, car il existe de nombreuses variations naturelles dans l'exposition aux langues secondes qui peuvent être étudiées. Cependant, il y a une forte tendance à considérer que le problème a déjà été résolu et à conclure que la raison pour laquelle l'apprentissage d'une seconde langue est apparemment plus difficile pour les adultes que pour les enfants est qu'il existe une période critique pour l'acquisition d'une seconde langue.

L'idée que l'acquisition d'une première langue repose sur une période critique découle des travaux précurseurs du linguiste et neurologue américain Eric Lenneberg[38], qui est le premier chercheur à étudier les bases cérébrales de l'apprentissage des langues. Cependant, l'extension de cette idée à l'apprentissage de langues secondes et la pérennité de cette croyance peuvent reposer sur une mauvaise interprétation de l'important travail de Lenneberg.[39] Il est le premier théoricien à adopter une approche biologique du langage en reliant certains aspects de l'acquisition du langage au fonctionnement du cerveau et en explorant les liens entre le langage et les systèmes cognitifs. Cependant, ses affirmations concernant l'acquisition d'une langue seconde étaient plus confuses. D'une part, il affirmait que les langues apprises après la puberté seraient inévitablement marquées par un accent étranger et qu'elles ne pourraient pas être apprises automatiquement, c'est-à-dire uniquement par exposition. D'autre part, il affirmait également que, puisque toutes les langues sont fondamentalement similaires, la « matrice pour le développement des compétences linguistiques est présente », ce qui suggère que la base de l'apprentissage d'une deuxième langue est fournie par la connaissance d'une première langue. Les deux premières observations sont manifestement correctes - les langues secondes apprises plus tard dans l'enfance sont rarement acquises par simple immersion et les accents étrangers sont fréquents - mais le troisième point est plus problématique. Si la « matrice pour le développement des compétences linguistiques est présente » en raison de l'apprentissage de la première langue, alors autre chose qu'une période critique doit être responsable des imperfections dans la maîtrise de la deuxième langue. Bien que la « matrice » ne soit peut-être pas biologique, elle constitue un modèle sur lequel les langues sont acquises. Les travaux de Lenneberg sont généralement utilisés pour soutenir la présence d'une période critique pour l'apprentissage d'une langue seconde, qui se termine vers la puberté.

Examen des preuves

Le terme « période critique » est un concept technique, donc si nous décidons de conclure qu'un développement particulier est contrôlé par une période critique, ses caractéristiques de définition doivent être présentes. Deux de ces caractéristiques sont (a) des limites claires qui définissent la période, en particulier sa fin, et (b) des preuves que l'apprentissage au cours de la période serait différent de l'apprentissage en dehors de la période. Les preuves de l'acquisition d'une première langue au cours des deux premières années de la vie répondent à ces exigences et permettent donc de conclure à l'existence d'une période critique. Pour l'acquisition d'une deuxième langue, les preuves sont beaucoup moins convaincantes.

Considérons d'abord les limites. Konrad Lorenz a clairement établi, dans le cadre de ses recherches sur les oisons, que l'empreinte filiale devait avoir lieu entre 13 et 16 heures après l'éclosion : en dehors de cette période, aucun attachement efficace n'était formé. Pour l'acquisition d'une première langue, les chercheurs Werker et Hensch[37] ont identifié de multiples composantes qui devaient être établies au cours des deux premières années de la vie, chacune dans sa période définie. Par exemple, l'organisation des sons qui composent la langue en cours d'apprentissage est fixée autour du 10ème mois, ce qui clôt la période de modification du système sonore.

Mais quelles sont les limites qui définissent la fin d'une période critique pour l'acquisition d'une deuxième langue ? Les chercheurs ont proposé plusieurs réponses, notamment 5 ans[40], 6 ans[41], 12 ans[38], 15 ans[42] et 17 ans[43]. Laquelle est la bonne ?

La deuxième caractéristique est que le résultat de l'apprentissage qui a lieu pendant la période critique doit être fondamentalement différent des résultats de l'apprentissage s'il a lieu après la clôture de la période critique. En d'autres termes, les différences entre l'apprentissage à l'intérieur et à l'extérieur de la période critique ne devraient pas simplement être de petites différences de compétence, mais doivent être qualitativement différentes les unes des autres, soit dans le type de maîtrise démontré, soit dans le processus utilisé pendant l'acquisition. Cependant, les études qui comparent les résultats en matière de langue seconde à l'âge d'acquisition trouvent généralement une relation continue entre l'âge d'acquisition et la maîtrise de la langue seconde, sans qu'aucune distance ne sépare des résultats qualitativement différents.

La plupart des recherches sur cette question comparent les compétences linguistiques de personnes ayant appris une deuxième langue à des âges différents pour voir si leurs résultats aux tests diffèrent. C'est l'approche adoptée dans l'étude influente de Jacqueline Johnson et Elissa Newport.[42] Elles ont fait passer un test de grammaire anglaise à 46 personnes qui avaient immigré aux États-Unis à différents moments de leur vie. Leur hypothèse était que l'âge de l'immigration marquait l'âge auquel l'apprentissage de l'anglais avait commencé, une hypothèse qui peut ou non être correcte pour tous les participants. La question était donc de savoir si les résultats à ce test de grammaire étaient liés à l'âge auquel les individus avaient commencé à apprendre l'anglais. Il est important de rappeler que les preuves de l'existence d'une période critique doivent montrer une fenêtre claire pour la fin d'un apprentissage réussi et des résultats qualitativement différents à l'intérieur et à l'extérieur de la période critique. Sur la base des résultats des tests, elles ont conclu qu'il y avait une période critique qui se terminait à 15 ans, après laquelle l'apprentissage de la langue seconde n'était pas aussi fiable. Les résultats sont présentés dans la figure 1.

Ellen Bialystok

Il convient de souligner plusieurs éléments concernant ce graphique. Tout d'abord, le score maximal au test est de 270, mais les scores moyens ne descendent jamais en dessous de 210, ce qui n'est pas une performance très faible et correspond à un score de 78 %, ce qui est loin d'être un mauvais résultat. De plus, l'utilisation d'une échelle réduite sur l'axe vertical exagère les différences entre les scores. Ensuite, malgré l'interprétation suggérant que la période critique se termine à 15 ans, il semble que le changement le plus important survienne autour de 7 ans. Enfin, la taille de l'échantillon de cette étude était relativement petite et les différences de scores entre les enfants de chaque groupe étaient très variables. Cette combinaison d'un faible nombre de participants et d'une importante variation des scores rend les conclusions peu fiables.

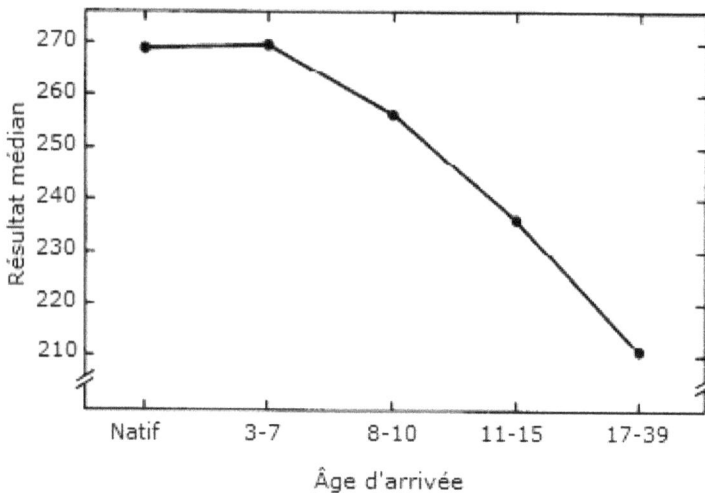

Figure 1. Résultats de Johnson et Newport montrant la relation entre l'âge d'arrivée et le score moyen au test de jugement de la grammaticalité en anglais.
Réimprimé de Johnson et Newport.⁴⁷

En général, dans ce type de recherche, des groupes d'individus désignés comme « apprenants précoces » ou « apprenants tardifs » sont comparés pour les différences de compétence finale, généralement basées sur un résultat de test. Cependant, les résultats de cette approche ne sont pas cohérents. Des études similaires sur des groupes d'apprenants précoces et tardifs ont donné des résultats différents, bien que les apprenants plus jeunes aient généralement obtenu de meilleurs résultats que les apprenants plus âgés, sans qu'il y ait de consensus sur les points de définition des concepts « plus jeune » ou « plus âgé ».[44]

Dans la recherche expérimentale, il y a toujours un compromis entre le contrôle et la généralisation. Les deux notions sont nécessaires pour tirer des conclusions sur les résultats de l'étude. Le contrôle fait référence à la capacité du chercheur à s'assurer que les participants à l'étude sont équivalents pour toutes les mesures, à l'exception de celle qui est pertinente pour la question de recherche. Par conséquent, dans une étude sur l'impact de l'apprentissage précoce ou tardif d'une langue seconde, les apprenants précoces et tardifs devraient être similaires à tous égards, sauf pour l'âge auquel ils ont commencé à apprendre la langue. Cette nécessité d'une évaluation rigoureuse signifie que la taille des échantillons pour ces études est inévitablement petite, comme dans le cas des 46 personnes qui ont participé à l'étude de Johnson et Newport. Cependant, si nous sommes si attentifs à contrôler toutes ces caractéristiques des participants, comment pouvons-nous être sûrs que l'échantillon est représentatif d'une population plus large et que les résultats s'appliqueront à un nouveau groupe qui peut différer par certaines de ces caractéristiques ? C'est le problème de la « généralisabilité ». Quelle peut être la taille et la diversité de l'échantillon tout en assurant un contrôle adéquat et en permettant la généralisation ? Il existe des procédures statistiques permettant de calculer la taille optimale de l'échantillon avant de réaliser l'étude, conformément aux principes de puissance et de fiabilité. Ces calculs peuvent situer cette taille idéale aux alentours de 100 ou 200 participants, ce qui est considérablement plus que l'échantillon utilisé dans la plupart de ces études et souvent supérieur aux ressources dont disposent les chercheurs pour mener une étude individuelle.

Mais que se passerait-il si nous sacrifions le contrôle et nous concentrions sur la généralisabilité ? Dans ce cas, l'approche consisterait à tester un très grand nombre de participants sans trop se soucier du contrôle des détails qui les différencient. Si la taille de l'échantillon est suffisamment grande, ces détails devraient simplement s'équilibrer entre les groupes. C'est l'approche que mes

collègues et moi avons adoptée dans une étude qui a examiné cette
question en utilisant des données de recensement. En 2000, le
recensement des États-Unis a inclus pour la première fois des
questions sur l'apprentissage et la maîtrise des langues. Les questions
posées aux répondants étaient les suivantes : quand sont-ils arrivés
aux États-Unis, de quel pays viennent-ils et comment évaluent-ils
leurs compétences en anglais ? Étant donné que le formulaire
comprenait également leur date de naissance, un simple calcul était
nécessaire pour déterminer leur âge au moment de leur arrivée aux
États-Unis. Le recensement a également permis de recueillir d'autres
informations démographiques, telles que le niveau d'éducation
formelle qu'ils avaient reçu. La question de notre étude était donc de
savoir s'il existait une relation entre l'âge d'arrivée et le niveau
d'anglais déclaré. L'utilisation de ces données comme preuve pour
cette question pose d'énormes problèmes : nous n'avons aucune idée
s'ils connaissaient déjà l'anglais avant leur arrivée mais, comme
Johnson et Newport, nous avons supposé que l'immigration marque
le début de l'apprentissage de l'anglais. Plus grave encore, il n'existe
pas de mesure indépendante et objective de la fiabilité de l'auto-
évaluation de leurs compétences en anglais : nous n'avons que leur
parole. Ce sont là des limites importantes, mais elles sont compensées
par le poids des données. Notre analyse a porté sur 324 444 locuteurs
du chinois et 2 016 317 locuteurs de l'espagnol.

Les résultats obtenus sur cet échantillon massif étaient simples.
Il n'y avait pratiquement pas de différence entre les résultats des
groupes chinois et espagnol, même si le groupe espagnol était presque
sept fois plus important. Les résultats sont présentés sur la figure 2,
avec une représentation distincte pour chaque groupe linguistique,
mais les tendances sont évidemment similaires. L'âge d'arrivée est
représenté sur l'axe horizontal, les âges plus élevés étant plus à droite,
et l'auto-évaluation de l'anglais est représentée sur l'axe vertical, les
meilleures évaluations étant plus élevées sur l'échelle. La relation
entre ces deux variables est simple : plus l'âge d'arrivée est élevé, plus
l'auto-évaluation des compétences en anglais diminue. C'est tout à
fait attendu. Cependant, trois caractéristiques de ces courbes excluent
une explication du déclin en termes de période critique. Tout d'abord,
il n'y a pas de rupture dans la courbe, c'est-à-dire aucune preuve

visible qu'il existe un seuil au-delà duquel quelque chose change fondamentalement dans les résultats en matière de compétences. Comme nous l'avons vu précédemment, la spécification d'une fermeture de la période critique est essentielle à sa définition. Deuxièmement, la courbe de maîtrise est similaire tout au long de la période - elle diminue progressivement à mesure que l'âge d'arrivée augmente - de sorte qu'il n'y a aucune preuve de mécanismes d'apprentissage qualitativement différents à l'intérieur et à l'extérieur d'une période supposée critique. Troisièmement, les données sont représentées sous forme de cinq lignes différentes pour chaque graphique qui sépare les répondants selon leur plus haut niveau d'éducation formelle. Dans les deux graphiques, ces lignes d'éducation sont parfaitement ordonnées en ce sens qu'un niveau d'éducation plus élevé est associé à une plus grande compétence, même si toutes les lignes suivent une pente décroissante similaire à mesure que l'âge d'arrivée augmente. Mais plus important encore, les écarts entre ces lignes d'éducation sont plus importants que les écarts entre les âges d'arrivée consécutifs. L'éducation est plus importante que l'âge pour déterminer la réussite dans la maîtrise d'une deuxième langue. Aucune interprétation de la période critique ne peut expliquer ce résultat.

Jusqu'à présent, les preuves ont été concentrées sur le niveau de compétence atteint dans la deuxième langue. Cependant, la période critique soutient également que les processus par lesquels la langue est acquise doivent être qualitativement différents pendant et après la période critique. C'est une question plus difficile à évaluer. Cependant, une analyse complète des études de neuro-imagerie portant sur l'apprentissage d'une deuxième langue à l'intérieur et à l'extérieur de la période critique supposée n'a révélé aucune différence qualitative dans les mécanismes cérébraux utilisés pour apprendre la langue ou dans les processus neurologiques impliqués dans cet apprentissage.[46] En bref, les caractéristiques essentielles permettant de conclure que l'apprentissage d'une langue seconde est le produit d'une période critique biologiquement déterminée n'ont pas été satisfaites.

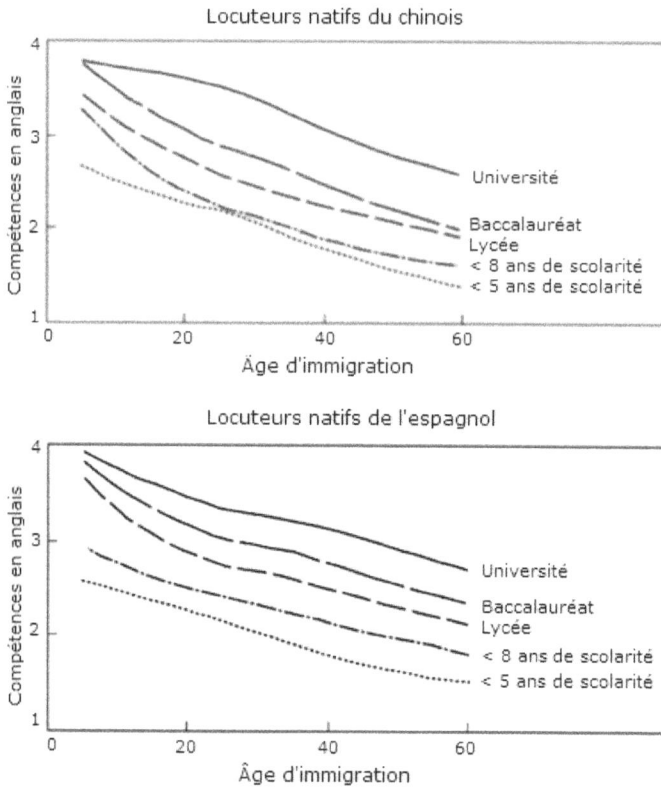

Figure 2 : Compétence en anglais selon l'âge de l'immigration pour (A) les locuteurs du chinois, N = 324 444 et (B) les locuteurs de l'espagnol, N = 2 016 317.[45]

Les enfants sont-ils de meilleurs apprenants en langues ?

Il y a de nombreuses années, Catherine Snow, éminente psychologue du développement spécialisée dans l'étude de l'acquisition du langage, vivait aux Pays-Bas et a été frappée par le nombre de fois où des personnes lui ont dit (sans tenir compte du fait qu'elle était une experte dans ce domaine) à quel point il était étonnant que les enfants apprennent une deuxième langue mieux que les adultes. Chercheuse invétérée, elle a décidé de mener une étude pour en avoir le cœur net. Contrairement aux recherches précédentes, elle et son collaborateur néerlandais[47] ont suivi pendant un an un groupe de participants anglophones qui avaient entre 3 ans et l'âge adulte au début de l'étude et ont documenté leurs progrès dans l'apprentissage du néerlandais. Il est surprenant de constater qu'à la fin de l'année, les meilleurs résultats d'apprentissage dans presque toutes les catégories testées ont été constatés chez les jeunes de 12 à 15 ans, un groupe qui a dépassé la fin de la période critique dans la plupart des cas ; l'apprentissage le plus lent a été constaté dans le groupe le plus jeune, celui des 3 à 5 ans.

Pourquoi la croyance en une période critique pour l'acquisition d'une langue seconde persiste-t-elle malgré le manque de preuves et l'absence de consensus sur sa durée exacte ? Les études qui soutiennent l'idée d'une période critique continuent d'être produites. Dans une étude à grande échelle menée par Joshua Hartshorne et ses collègues, plus de 600 000 participants ont rempli un test de grammaire anglaise en ligne, et les résultats ont été analysés par modélisation informatique afin de déterminer, entre autres, le rythme et la trajectoire d'apprentissage.[43] Les résultats étaient similaires à ceux de l'étude de Kenji Hakuta et ses collègues[45] (figure 2), sauf que dans ce cas, les apprenants les plus âgés avaient 30 ans au lieu de 60. Bien que l'on observe une baisse constante de la courbe, les auteurs de l'étude ont affirmé qu'il y avait une rupture abrupte à 17 ans (tout comme l'affirmation de Johnson et Newport pour 15 ans), concluant ainsi que la période critique se termine à 17 ans. Il convient de noter que les auteurs ont déclaré au début de leur article qu'ils ne suivaient aucune interprétation théorique de la « période critique », une concession particulière pour un terme technique. Cependant, une fois écartée la définition stricte du terme, il est illogique d'affirmer qu'ils ont trouvé des preuves de l'existence d'une période critique qui se termine à 17 ans. En réalité, leur étude correspond à d'autres recherches montrant qu'il existe des différences significatives liées à l'âge dans les résultats de l'apprentissage d'une seconde langue, mais que ces effets sont progressifs et ne suivent pas les restrictions imposées par une période critique biologique. Dans une réanalyse des données de Hartshorne, Frans van der Slik et ses collègues[48] ont attribué la plupart des effets rapportés par le premier à l'effet de la scolarisation. À tout le moins, des facteurs autres que l'âge sont pertinents pour déterminer les résultats de l'apprentissage d'une langue seconde.

L'une des raisons pour lesquelles il est difficile d'abandonner l'idée qu'il existe une période critique pour l'acquisition d'une deuxième langue est que les preuves anecdotiques sont très convaincantes : en moyenne, les jeunes, en particulier les enfants, semblent maîtriser une deuxième langue plus facilement que les adultes, et les langues apprises plus tôt dans la vie atteignent généralement des niveaux de compétence plus élevés. Paul Krugman, économiste lauréat du prix Nobel, parle de « théories économiques zombies ».[49] Il s'agit d'idées qui n'ont aucun support empirique mais qui sont profondément ancrées dans la culture politique dominante et semblent inébranlables. L'un des exemples qu'il utilise est celui de l' « économie de ruissellement », c'est-à-dire l'idée selon laquelle le fait de soutenir les riches par des mesures telles que des réductions d'impôts les incitera à augmenter les dépenses dans leurs entreprises, créant ainsi des opportunités et des richesses pour les pauvres. Cela ne s'est jamais produit, et pourtant cela reste la principale justification des politiques économiques favorisant les riches. D'une certaine manière, l'idée qu'il existe une période critique pour l'acquisition d'une seconde langue est une théorie zombie - elle est imperméable aux preuves.

Les différences observées dans les résultats de l'apprentissage d'une langue seconde en fonction de l'âge ne peuvent pas être expliquées uniquement par l'existence d'une période critique. En effet, la vie d'un enfant de 6 ans, d'un adolescent de 15 ans et d'un adulte de 30 ans est très différente, ce qui a un impact considérable sur les résultats de l'apprentissage. L'apprentissage des langues est radicalement différent pour les enfants et les adultes, et cela est particulièrement vrai au cours des premières années. Pendant cette période, l'apprentissage de la langue est la tâche principale de l'enfant, et les adultes qui l'entourent s'efforcent de l'aider en parlant lentement et clairement, en utilisant une intonation expressive, en choisissant des sujets d'intérêt et en répétant les phrases autant de fois que nécessaire. Ils essaient également de faire référence à des choses que l'enfant peut voir pour aider à renforcer le sens des mots.

Les phrases commencent par des structures simples qui se complexifient au fur et à mesure que l'adulte juge que l'enfant est prêt à passer à un niveau supérieur. Cependant, combien d'adultes reçoivent cette attention ? Si un adulte est plongé dans un environnement où il doit apprendre une nouvelle langue, il est probable que cette langue soit parlée rapidement, voire normalement, et qu'elle concerne des sujets abstraits, tout en étant basée sur une grammaire complexe. Contrairement aux enfants, qui ont tendance à être encouragés pour tout ce qu'ils disent de manière appropriée, les adultes cherchent à se faire comprendre et ne réussissent que s'ils sont capables de transmettre au moins un peu de sens. Peu d'adultes seront applaudis pour avoir dit « Encore du jus » ou « Regarde, le toutou » ! L'expérience d'apprentissage de la langue des enfants est complètement différente de celle des adultes car ils bénéficient du soutien et de la motivation nécessaires pour franchir les premières étapes difficiles, tout en célébrant les réalisations les plus simples.

Les contextes dans lesquels différentes personnes tentent d'apprendre une deuxième langue ont un impact sur leur réussite. Il est préférable d'être immergé dans la langue plutôt que de se contenter d'étudier en classe, de bénéficier d'opportunités pour pratiquer et utiliser la langue plutôt que d'être isolé, et d'avoir le temps, la motivation et les ressources nécessaires pour s'y consacrer plutôt que de tenter d'intégrer l'apprentissage de la langue entre les autres exigences de la vie quotidienne. Dans l'étude menée par Snow et Hoefnagel-Hohle, les enfants étaient scolarisés et immergés dans le néerlandais, tandis que les adultes travaillaient, géraient des comptes bancaires et organisaient leur vie familiale. Le groupe des 12-15 ans avait le meilleur des deux mondes : école, amis, immersion et aucune responsabilité supplémentaire.

Toutefois, qu'en est-il de l'accent étranger persistant qui est souvent présent chez les apprenants plus âgés ? Est-ce la preuve d'une période critique ? Bien qu'il soit indéniablement plus difficile d'obtenir une prononciation de type natif avec l'âge, cela ne coïncide pas non plus avec les exigences d'une période critique. Il n'y a pas d'âge précis ni de changement de trajectoire qui marque le point au-delà duquel un accent étranger sera présent. L'accent se distingue également du reste du langage, car la façon de parler est profondément liée à l'identité, et les changements sociaux, émotionnels et cognitifs qui ont lieu à la puberté peuvent rendre difficile le fait de se présenter au monde d'une nouvelle façon.

Après avoir exclu l'existence d'une période biologique critique pour l'acquisition d'une seconde langue, l'alternative est d'accepter que les langues puissent être apprises à tout moment. Elles ne seront pas apprises avec la même facilité ni au même niveau de réussite, et l'âge auquel commence l'apprentissage d'une seconde langue est un facteur énorme pour déterminer ces résultats. Mais une compétence similaire à celle d'un locuteur natif, y compris un accent similaire à celui d'un locuteur natif, ne peut être exclue. La simple existence d'individus atteignant ces niveaux (ils sont nombreux) signifie que le problème n'est pas une question de chance mais de travail individuel.

Points à retenir

- Les conditions biologiques spécifiques qui se produisent pendant une période précise semblent nécessaires pour établir une première langue, répondant ainsi aux critères d'une période critique.
- Cependant, l'acquisition d'une deuxième langue semble devenir plus difficile avec l'âge, bien que les critères d'une période critique ne soient pas remplis.
- De nombreux facteurs influent sur la facilité et la qualité de l'apprentissage et de la maîtrise d'une deuxième langue, et bien que l'âge soit un facteur important, rien ne prouve qu'il existe une limite biologique.

Chapitre 3
L'éducation
des enfants bilingues

L'éducation bilingue existe depuis la naissance de la migration, bien que personne ne l'ait ainsi nommée à l'époque. Les conseillers pédagogiques n'ont pas conçu cette méthode, les linguistes ne se sont pas prononcés sur les meilleures approches de l'enseignement des langues, et personne n'a réellement prêté attention à cette pratique : les enfants d'immigrants allaient simplement à l'école avec les autres enfants du quartier et étaient éduqués (ou non) dans une langue différente de celle parlée à la maison. Par ailleurs, l'éducation bilingue a été adoptée par les classes sociales privilégiées pour procurer un avantage : les enfants de la bourgeoisie russe prérévolutionnaire étaient éduqués en français, entre autres langues.[50] Quelle que soit l'origine de cette pratique, l'éducation bilingue est aujourd'hui une option florissante, faisant l'objet d'un nombre important de recherches menées en éducation, en linguistique et en psychologie cognitive. Mais qu'est-ce que l'éducation bilingue et pourquoi occupe-t-elle une place aussi importante dans les cercles éducatifs ?

L'éducation bilingue est un terme qui englobe une grande diversité de programmes, chacun adapté à des situations particulières et destiné à un nombre plus ou moins important d'enfants. En général, elle fait référence à tout programme scolaire dans lequel plus d'une langue est utilisée pour enseigner les matières académiques ou dans lequel la langue d'enseignement ne correspond pas à celle parlée à la maison ou dans la communauté. En d'autres termes, ces programmes exposent les enfants à de nouvelles langues parce que celles-ci sont utilisées pour l'enseignement. Les raisons de l'intégration de ces langues, le choix des langues et la structure des programmes, ainsi que la relation entre les langues de l'école, de la communauté et de la maison peuvent varier et ont un impact sur les résultats scolaires. Dans leur ouvrage, Ofelia García et Heather Woodley[51] proposent une excellente analyse des différentes formes d'éducation bilingue, en évoquant les contextes sociaux, politiques et linguistiques qui les sous-tendent.

La compréhension de la distinction entre « éducation bilingue » et « éducation des enfants bilingues » est encore plus importante que de comprendre les nuances des différents programmes. Ces concepts sont différents l'un de l'autre, et chacun présente ses propres objectifs et problèmes à résoudre. L'éducation bilingue se concentre sur la conception d'un programme éducatif visant à développer la compétence bilingue (ou plurilingue) des enfants en utilisant une langue autre que celle de la communauté (ou de la maison) comme moyen d'enseignement. Les programmes populaires d'immersion en français développés au Canada pour enseigner des niveaux élevés de compétence en français aux élèves anglophones sont un exemple de cette formule. En revanche, l'éducation des enfants bilingues se concentre sur l'enseignement de la langue de la communauté à ceux qui sont déjà bilingues, généralement parce que la langue de la communauté n'est pas la langue utilisée à la maison. Parfois, la langue d'origine est utilisée comme moyen temporaire de faire passer les enfants à la langue de la communauté, comme dans le cas des programmes d'éducation bilingue transitoire pour les élèves hispanophones aux États-Unis. Cependant, l'éducation des enfants bilingues décrit également l'éducation de ceux pour lesquels aucun ajustement particulier du programme scolaire n'est effectué. Par exemple, les enfants qui parlent le mandarin à la maison mais qui vont à l'école dans une communauté anglophone, les enfants qui parlent l'arabe à la maison mais qui vont à l'école dans une communauté francophone, et ceux qui parlent le grec à la maison mais qui vont à l'école dans une communauté germanophone sont tous des cas où les enfants bilingues sont éduqués dans une langue autre que celle de leur foyer. La plupart des recherches se concentrent sur le premier cas, où l'enseignement dans une langue non utilisée à la maison est proposé à l'école, mais ces études peuvent également nous aider à comprendre ce qui se passe dans le second cas, lorsque des enfants déjà bilingues vont à l'école dans la langue de la communauté.

La politique est inévitablement liée aux décisions éducatives, et l'éducation bilingue ne fait pas exception. Aux États-Unis, la question de l'éducation bilingue a été politiquement controversée dès la fondation du pays.[52] Les restrictions légales interdisant l'utilisation d'autres langues que l'anglais dans les écoles américaines ont été contestées devant la Cour suprême dès 1923. Cette affaire a conduit à un jugement invalidant l'interdiction en raison de sa violation des droits individuels garantis par la Constitution.[53] La loi sur l'éducation bilingue de 1968 a reconnu le besoin d'un accès équitable à l'éducation pour les enfants de minorités ayant une maîtrise limitée de l'anglais, en créant un financement pour les programmes visant à aider ces enfants à réussir dans les écoles américaines. La loi exigeait que ces enfants développent des compétences à la fois en anglais et dans leur langue maternelle, en se concentrant principalement sur les hispanophones, mais en élargissant la portée de la loi pour inclure d'autres groupes, tels que les locuteurs chinois. L'arrêt de la Cour suprême dans l'affaire Lau contre Nichols en 1974 a confirmé les droits des communautés minoritaires à scolariser leurs enfants dans des langues autres que l'anglais dans les écoles américaines. La politique continue donc de jouer un rôle important dans l'éducation bilingue, ayant un impact sur les programmes disponibles, les financements alloués et les droits des communautés minoritaires.

L'éducation bilingue a fait l'objet d'une attention considérable et a gagné en popularité ces dernières années, mais l'objectif principal et la structure préférée de ce programme éducatif sont encore contestés. L'éducation bilingue est utilisée à la fois comme un moyen d'inculquer une compétence linguistique bilingue à des enfants essentiellement monolingues et comme un échafaudage pour intégrer les enfants immigrés dans la culture de la communauté. Ces deux objectifs correspondent aux deux concepts distingués ci-dessus : l'éducation bilingue et l'éducation des enfants bilingues. Il existe maintenant une quantité raisonnable de recherches qui ont évalué l'efficacité des programmes qui servent ces deux objectifs.

Réussir sa scolarité bilingue

Les parents ont à cœur la réussite de leurs enfants à l'école, ce qui les pousse à considérer sérieusement la décision de les inscrire à un programme éducatif introduisant une nouvelle langue. Bien que la recherche ne réponde pas directement à toutes les questions que peuvent se poser les parents, elle fournit des preuves importantes pour aborder les enjeux clés.

L'établissement des compétences de base en langue et en alphabétisation dès la petite enfance est crucial pour la réussite scolaire des enfants. C'est pourquoi la plupart des recherches portant sur l'éducation bilingue se sont concentrées sur ces compétences. La réussite scolaire des enfants est étroitement liée à leur maîtrise de la langue d'enseignement, tant à l'oral qu'à l'écrit. [54] Les résultats de l'éducation bilingue en matière d'alphabétisation et de réussite scolaire sont examinés conjointement ici, mais une analyse plus détaillée du développement de l'alphabétisation chez les enfants bilingues est présentée dans le chapitre 4, tandis qu'une discussion sur les régions du cerveau impliquées dans ce processus est proposée dans le chapitre 6.

Le progrès scolaire des enfants est influencé par de nombreux facteurs, dont le type de programme éducatif ne constitue qu'une partie. Un test mené aux États-Unis a montré l'importance d'autres influences environnementales, notamment le statut socioéconomique des familles. Une grande partie des enfants bilingues aux États-Unis sont d'origine hispanique et beaucoup d'entre eux sont issus de familles à faible statut socioéconomique (SSE) et ont de mauvais résultats scolaires (voir ci-dessous). Cependant, de nombreux enfants hispaniques sont des locuteurs natifs de l'anglais et ne participent pas aux programmes d'éducation bilingue. Néanmoins, les résultats scolaires des enfants qui parlent anglais à la maison sont similaires à ceux des enfants dont la langue maternelle est l'espagnol et qui sont inscrits dans un programme d'éducation bilingue – les deux groupes présentent des taux d'abandon élevés et une faible réussite scolaire. En d'autres termes, les résultats scolaires des enfants hispaniques ne peuvent pas être réduits à la maîtrise de l'anglais ou à leur inscription dans un programme d'enseignement bilingue ou transitoire.[55] Une approche plus nuancée et globale est requise pour comprendre les résultats scolaires de groupes divers et pour évaluer l'impact spécifique des programmes éducatifs sur ces résultats. Le succès de l'éducation bilingue dépend ainsi de multiples facteurs, tels que les détails du programme, les langues impliquées et les profils démographiques des élèves. Dans ce contexte, l'analyse de programmes spécifiques sur une base individuelle est utile pour mieux comprendre leurs effets et pour orienter les décisions éducatives.

L'enseignement bilingue espagnol-anglais aux États-Unis

Les programmes d'éducation bilingue dédiés aux enfants bilingues espagnol-anglais aux États-Unis forment peut-être le groupe le plus important, ce qui explique pourquoi ils ont fait l'objet d'une grande partie de la recherche. Toutefois, il est important de tenir compte du contexte, car aux États-Unis, le bilinguisme est souvent associé à une maîtrise limitée de l'anglais et à un statut socioéconomique faible, deux facteurs ayant un impact négatif sur les résultats scolaires.[15] Environ 10 % de tous les élèves américains sont considérés comme des apprenants de l'anglais (ELL), la majorité d'entre eux étant des bilingues espagnol-anglais. De plus, la plupart de ces élèves ont un statut socioéconomique faible.

Lorsque la loi sur l'éducation bilingue a été adoptée aux États-Unis en 1968, les programmes bilingues ont reçu peu de soutien. Les objectifs ont donc été modifiés pour aider les enfants à développer leurs compétences en anglais plutôt que de les rendre bilingues. Avec cette nouvelle orientation, la maîtrise de l'anglais a été privilégiée au détriment de l'espagnol, la langue du foyer.[56] En effet, l'espagnol n'était utilisé à l'école que le temps nécessaire à l'acquisition des compétences en anglais, puis il était abandonné lorsque les enfants étaient transférés dans des programmes en anglais. Cependant, des études ont révélé les avantages de développer les compétences linguistiques dans les deux langues. Par exemple, Kathryn Lindholm-Leary et Nicholas Block[57] ont évalué les performances en anglais et en mathématiques de 659 élèves hispaniques dont la langue maternelle était l'espagnol. Les enfants suivaient soit des programmes en anglais, soit différents types de programmes bilingues espagnol-anglais en Californie. À la surprise générale, les scores de compétence en anglais étaient plus élevés pour les élèves qui suivaient les programmes bilingues que pour ceux qui suivaient le programme en anglais, même s'ils n'utilisaient l'anglais qu'à l'école. Une étude similaire réalisée par le même groupe a suivi 283 enfants de la maternelle à la deuxième année de scolarité.[58] Tous les enfants parlaient à la fois l'anglais et l'espagnol, mais ils ont été inscrits dans un programme en anglais ou un programme bilingue en maternelle. Au début de la maternelle, les enfants inscrits dans les programmes en anglais avaient des scores plus élevés en anglais que ceux inscrits dans les programmes bilingues, comme on pouvait s'y attendre. Toutefois, cette différence a disparu au bout d'un ou deux ans, puis s'est inversée. À la fin de la deuxième année, les enfants du programme bilingue ont obtenu des résultats supérieurs à ceux des enfants du programme en anglais, tant en anglais qu'en espagnol. Le fait d'être dans le programme en anglais a également entraîné d'autres coûts, car ces enfants ont perdu leur maîtrise de l'espagnol au cours de ces années, ce qui, en fait, les a rendus moins bilingues. La perte de la maîtrise de la langue familiale est l'un des résultats de ces décisions éducatives rarement discutées, mais qui entraînent des conséquences significatives sur le développement et la socialisation à long terme des enfants.

Nous sommes conscients que les résultats scolaires et cognitifs des enfants bilingues espagnol-anglais sont comparativement plus faibles que ceux des enfants non hispaniques.[55] Cependant, plusieurs facteurs peuvent expliquer ces résultats. Pour évaluer comment le niveau de compétence bilingue des enfants peut influencer ces résultats, nous avons mené une étude avec un groupe d'enfants partageant des caractéristiques similaires, mais différenciés par leur niveau de bilinguisme.[59] Ces enfants bilingues espagnol-anglais, ages de 8 à 11 ans, résidaient en Californie dans des conditions socioéconomiques défavorables. Nous leur avons proposé des tâches cognitives qui ont généralement été mieux accomplies par les enfants bilingues que par les monolingues (voir chapitre 5). Bien que tous les enfants aient obtenu des résultats inférieurs à ceux des enfants de classe moyenne ayant effectué les mêmes tâches, plus les enfants étaient bilingues, c'est-à-dire que leurs scores de compétence en anglais et en espagnol étaient similaires, meilleurs étaient leurs résultats aux tests cognitifs. Même dans un contexte où les enfants rencontrent des difficultés scolaires, le fait d'être plus bilingue est associé à de meilleures performances cognitives.

L'éducation bilingue dans le monde

Les programmes éducatifs bilingues sont divers et s'adressent à des communautés variées dans différents pays. Les élèves peuvent appartenir à la culture dominante et parler la langue de la communauté, ou faire partie de groupes minoritaires et devoir apprendre la langue de la communauté, ou encore bénéficier d'avantages socioéconomiques par rapport aux enfants monolingues. Pour les enfants inscrits dans ces programmes, de nombreux facteurs influencent la réussite scolaire, quelle que soit la nature du programme éducatif. Il est donc important de se demander si l'efficacité de l'éducation bilingue dépend de ces facteurs.

Les écoles d'immersion franco-canadiennes sont un exemple bien étudié de programmes d'éducation bilingue. Elles permettent à des enfants anglophones qui vivent dans une communauté anglophone d'être éduqués en français. Ce type de programme a été mis en place dans les années 1960 par des parents anglophones monolingues qui voulaient que leurs enfants apprennent le français à un niveau supérieur à celui proposé dans les écoles traditionnelles. Les études menées durant les premières années ont montré que ces programmes étaient efficaces pour maintenir la maîtrise de l'anglais et les aptitudes scolaires tout en développant une maîtrise élevée du français, ce qui a rassuré les parents quant à l'impact positif de cette expérience éducative.[60] Depuis lors, de nombreuses recherches ont été menées, révélant que les résultats des enfants en anglais étaient équivalents ou supérieurs à ceux des enfants inscrits à des programmes en anglais, tandis que les résultats en français variaient de modérés à élevés, bien qu'inférieurs à ceux des enfants francophones natifs.[61-63] De ce fait, ces programmes ont été couronnés de succès dans la réalisation de leurs objectifs initiaux de développement de la compétence en français tout en maintenant des niveaux élevés de réussite scolaire.

L'observation intéressante est que la composition démographique des enfants participant à ces programmes a évolué au fil des années. Au début, il était principalement composé d'enfants anglophones monolingues de classe moyenne, mais aujourd'hui, il est de plus en plus diversifié, incluant des enfants qui ne parlent ni anglais ni français à la maison et ayant des antécédents socioéconomiques variés. Cependant, les résultats de ces enfants en immersion française n'ont pas été largement étudiés, bien que cela soit important pour comprendre ce qui se passe lorsque les enfants sont éduqués dans une langue différente de celle de leur foyer. En conséquence, en plus d'évaluer l'éducation bilingue, il est également important d'examiner l'éducation des enfants bilingues dans ce programme. Bien que quelques études aient examiné cette question pour l'immersion en français, les résultats sont mitigés.[64, 65] Toutefois, une étude récente est plus concluante. Nous avons mené une étude sur 235 enfants en immersion française, en les suivant de leur première à leur troisième année d'apprentissage du français. Nous avons divisé les enfants en deux groupes : ceux qui ne connaissaient que l'anglais lorsqu'ils ont commencé le programme, que nous avons considérés comme monolingues, et ceux qui parlaient une langue autre que l'anglais ou le français à la maison, que nous avons considérés comme bilingues. Aucun des enfants ne connaissait le français au début du programme. À la fin de la troisième année, nous avons constaté que les enfants bilingues ayant une langue maternelle différente du français ont fait des progrès beaucoup plus significatifs dans l'apprentissage de la langue que les enfants monolingues.[66]

D'autres programmes d'éducation bilingue destinés aux enfants de la classe moyenne ont produit des résultats similaires. Par exemple, un programme fonctionnant en italien et en anglais en Californie a été évalué dans le cadre d'une petite étude portant sur 60 enfants.[67] Les chercheurs ont suivi ces enfants pendant trois ans, du 1er grade (CP) au 3ème (CE2), en leur soumettant chaque année des tests de langue et d'alphabétisation en anglais et en italien. Dès le début de la première année, bien qu'ils n'aient été enseignés qu'en italien, les enfants ont montré de solides compétences en alphabétisation dans les deux langues. Ce modèle a été observé tout au long de l'étude.

D'autres programmes en mandarin-anglais et en hébreu-russe ont également donné des résultats similaires.

Le deuxième programme examiné est également mis en place en Californie, et commence dès la maternelle, en offrant un enseignement en mandarin aux enfants exposés à cette langue à la maison ou qui ne parlent que l'anglais.[68] Comme pour le programme italien-anglais, cette étude est de petite échelle, mais tous les enfants ont acquis des compétences en anglais et en mandarin, et ont même obtenu des résultats au moins équivalents, et parfois supérieurs, aux niveaux de l'État pour les tests standardisés d'anglais, de mathématiques et de sciences, bien qu'ils aient été instruits en mandarin.

Enfin, deux études ont examiné le développement du langage et de l'alphabétisation chez des enfants bilingues russe-hébreu de 4 ans qui fréquentaient soit des écoles bilingues hébreu-russe, soit des écoles hébraïques en Israël, où l'hébreu est la langue communautaire. Les enfants des programmes bilingues ont développé des compétences linguistiques[69] et des compétences narratives[70] en hébreu au moins aussi bien que les enfants des programmes en hébreu uniquement, tout en maintenant des niveaux de russe plus élevés. Dans toutes ces études, les enfants ont maîtrisé la langue de leur communauté, qu'elle soit ou non la langue principale d'enseignement. Cependant, pour atteindre un niveau élevé de compétence dans leur langue maternelle différente de celle de la communauté, un soutien éducatif a été nécessaire.

Contrairement aux études sur l'éducation bilingue menées aux États-Unis avec des enfants hispaniques, les programmes mentionnés précédemment ne provenaient pas de communautés socioéconomiques défavorisées. Les enfants du programme italien-anglais étaient issus de la « classe moyenne », ceux du programme mandarin-anglais étaient de la « classe moyenne supérieure », et ceux du programme hébreu-russe étaient de la « classe socioéconomique moyenne ». Bien que ces élèves ne présentaient pas de risque élevé comme les enfants hispaniques dans les programmes bilingues espagnol-anglais, ils ont fait des progrès similaires en matière de langage et d'alphabétisation. Ils ont progressé dans la langue utilisée pour l'enseignement scolaire et dans la langue de la communauté. Ainsi, rien ne prouve que l'enseignement dans deux langues ou dans une langue autre que celle de la communauté entrave les progrès dans le développement des compétences linguistiques et de l'alphabétisation dans la langue majoritaire.

Il existe également d'autres formes d'éducation bilingue, telles que l'immersion à double sens, dans laquelle des enfants de langues maternelles différentes apprennent ensemble à l'école ; les programmes de langues patrimoniales, qui ont pour objectif de préserver la langue maternelle en l'intégrant dans le programme scolaire ; et l'éducation bilingue de revitalisation, qui vise à préserver les langues patrimoniales menacées, principalement utilisées par les populations autochtones, en les introduisant comme langues d'enseignement. Cependant, les évaluations du succès de chaque programme doivent être effectuées dans le contexte de leurs intentions et attentes spécifiques, qui varient toujours. En outre, les évaluations des programmes bilingues devraient être basées sur une hypothèse où tout est constant sauf le programme bilingue, mais cela est essentiellement impossible à atteindre. Cela revient à essayer de déterminer si la route que vous avez choisie était meilleure ou pire que l'alternative si vous étiez parti à la même heure avec les mêmes conditions de circulation. Pour ces raisons, nos conclusions peuvent être plus liées à l'art qu'à la science. Toutefois, toutes les études menées sur les programmes bilingues, sans distinction, aboutissent à deux conclusions. Premièrement, rien ne prouve que l'enseignement bilingue entrave la réussite scolaire des enfants. Deuxièmement, si les résultats des enfants dans les programmes bilingues diffèrent de ceux des programmes monolingues standards, ils ont tendance à favoriser les programmes bilingues. Il est clair que les enfants dans les programmes bilingues apprennent plus de langues que les enfants dans les programmes monolingues. Dans l'ensemble, cela montre que l'enseignement bilingue peut offrir des avantages éducatifs significatifs sans entraîner de coûts.

Que faire si les enfants ont des besoins particuliers ?

La diversité des capacités humaines est magnifiquement répartie dans la population : certaines personnes sont naturellement douées pour la musique et d'autres ne peuvent pas entendre la différence entre deux notes ; certaines personnes peuvent créer des images en peinture qui suscitent des réactions émotionnelles puissantes et d'autres ne peuvent pas copier un carré avec une règle ; certaines personnes peuvent effectuer mentalement des calculs abstraits basés sur des hypothèses hypothétiques et d'autres ont du mal à faire de l'arithmétique de base. De même, certains enfants apprennent facilement, quelle que soit la structure mise en place, et d'autres ont besoin de systèmes de soutien soigneusement construits pour acquérir les compétences de base. On fait parfois passer à ces enfants des tests standardisés pour déterminer leurs capacités d'apprentissage, puis on leur diagnostique parfois un trouble qui interfère avec l'apprentissage. Ces enfants devraient-ils être inscrits dans des programmes d'éducation bilingue ? Devraient-ils même devenir bilingues ?

Le défi d'éduquer les enfants ayant des besoins particuliers est un problème persistant dans tous les systèmes éducatifs, y compris l'éducation bilingue. Cependant, cette question est particulièrement difficile pour les enfants bilingues pour deux raisons. Tout d'abord, les enfants ayant des difficultés d'apprentissage rencontrent souvent des problèmes liés aux troubles du langage, ce qui peut être exacerbé pour ceux qui apprennent deux langues. De plus, les instruments et les procédures qui permettent d'identifier ces enfants sont basés sur les résultats de tests effectués sur des enfants monolingues, ce qui peut ne pas être adapté aux progrès du développement linguistique des enfants bilingues. Ces deux problèmes se chevauchent, car les troubles du langage sont identifiés par des tests linguistiques qui ont été développés pour des enfants qui parlent une seule langue.

L'évaluation des enfants bilingues

L'évaluation est cruciale pour tout système éducatif et constitue également une industrie lucrative importante. Les entreprises privées, souvent affiliées à des maisons d'édition, développent des instruments d'évaluation des compétences. Les résultats de ces tests permettent aux enseignants de repérer les enfants dont les résultats sont en dehors de la fourchette « normale ». Cependant, cette méthode est basée sur l'hypothèse que tous les attributs et toutes les compétences sont normalement distribués dans une population, ce qui peut ne pas être le cas dans la réalité. Cette distribution normale est illustrée à la figure 3. Le point central, indiqué sur la figure 3 par 0, est le score moyen pour tout test, trait ou capacité pour l'ensemble de la population, et les divergences par rapport à ce centre, dans les deux directions sont symétriques et bien organisées. La valeur associée à chaque limite au-delà de 0 est déterminée par l'écart-type, ou σ. Les pourcentages indiqués en haut du graphique indiquent la proportion de la population qui devrait se situer dans chaque fourchette. Par exemple, le score moyen d'intelligence (quotient intellectuel ou QI) de la population est de 100, et l'écart-type est de 15.

Les propriétés de la distribution normale moyenne signifient donc que 68 % de la population aura un QI compris entre 85 et 115 (voir chapitre 5). Cela signifie également qu'environ 70 enfants sur 100 se situent dans cette fourchette moyenne. Les scores supérieurs et inférieurs à ceux de cette fourchette centrale deviennent de plus en plus improbables. Si nous incluons les scores de QI compris entre 70 et 130, nous incluons 95 % de la population. Les 5 enfants restants sur 100 ont des scores qui se situent en dehors de cette fourchette. Déterminer où le score d'un enfant se situe dans une distribution normale est donc un moyen simple de voir comment l'enfant se compare au reste de la population. Ces calculs sont utilisés pour décider s'il bénéficierait d'un soutien supplémentaire (éducation spéciale) ou d'une stimulation supplémentaire (éducation pour surdoués). Trop facile, non ?

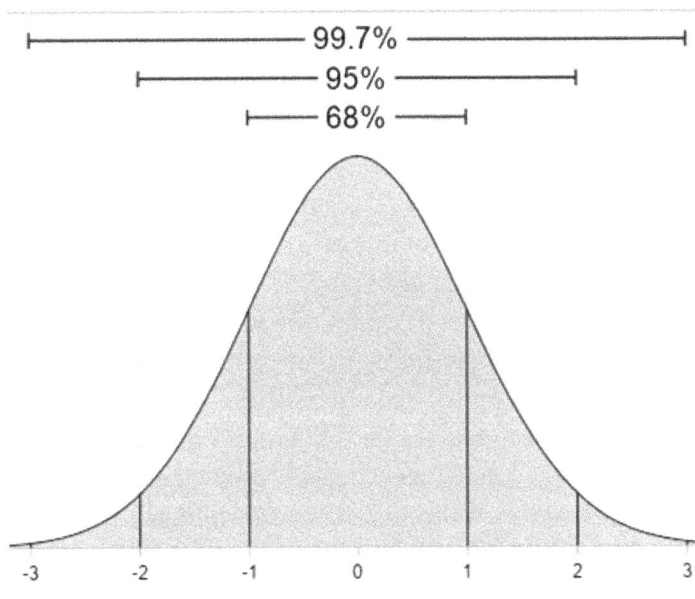

*Figure 3. Courbe de distribution normale montrant la fréquence
en pourcentage de la population par score.*

Prenons l'exemple du vocabulaire des enfants. Le vocabulaire peut être mesuré de manière simple avec des tests standardisés dont les résultats, comme tous ces tests, sont représentés par la distribution normale. De plus, l'étendue du vocabulaire est un bon indicateur de l'intelligence verbale, et cette dernière est fortement liée à l'intelligence globale. Cependant, si l'on mesure le vocabulaire des enfants monolingues et qu'on le compare à celui des enfants bilingues pour cette langue, les enfants monolingues obtiennent en moyenne des résultats plus élevés que leurs homologues bilingues. Ces derniers, bien sûr, connaissent également une autre langue, et leur vocabulaire combiné dans plusieurs langues pourrait bien être plus élevé que celui des enfants monolingues dans une seule langue, mais les évaluations du vocabulaire ne fournissent pas cette information.

La mesure du vocabulaire en anglais est couramment effectuée à l'aide de l'Échelle de vocabulaire en images de Peabody (EVIP).[71] Ce système est largement utilisé car il est simple à administrer et les résultats sont standardisés pour des populations allant de 3 à plus de 80 ans, ce qui le rend approprié pour une large gamme d'âges.

Cependant, il convient de noter que les scores standardisés ont été établis en utilisant des populations essentiellement monolingues. Les propriétés de la distribution des scores de l'EVIP sont les mêmes que celles des tests de QI, à savoir une moyenne de 100 et un écart-type de 15. Si l'on considère uniquement les enfants, la figure 4 montre les résultats du test EVIP pour 1 738 enfants âgés de 4 à 10 ans. Le graphique présente le score du test sur l'axe horizontal, où les points les plus à droite représentent des scores de vocabulaire plus élevés, et la fréquence sur l'axe vertical, c'est-à-dire le nombre d'enfants ayant obtenu chaque score. Dans une distribution normale, la fréquence la plus élevée se situe au milieu de la fourchette. Les résultats montrent que les enfants monolingues et bilingues ont des distributions normales similaires, mais les courbes sont décalées, la courbe monolingue se trouvant à droite de la courbe bilingue. Cette analyse démontre que, en moyenne, les enfants monolingues ont obtenu des scores plus élevés en vocabulaire anglais que les enfants bilingues. Toutefois, il y a une zone importante de chevauchement entre les deux courbes, indiquée par une flèche à double tête. Cette zone désigne les enfants, qu'ils soient monolingues ou bilingues, qui ont obtenu des scores similaires. De ce fait, il est tout aussi possible que certains enfants bilingues obtiennent des scores de vocabulaire plus élevés que des enfants monolingues, malgré le fait que les scores moyens soient plus élevés pour les enfants monolingues. Ce cas met en évidence la difficulté et la fiabilité moindre de l'utilisation de ces distributions pour identifier les enfants ayant des besoins particuliers lors d'une évaluation clinique.

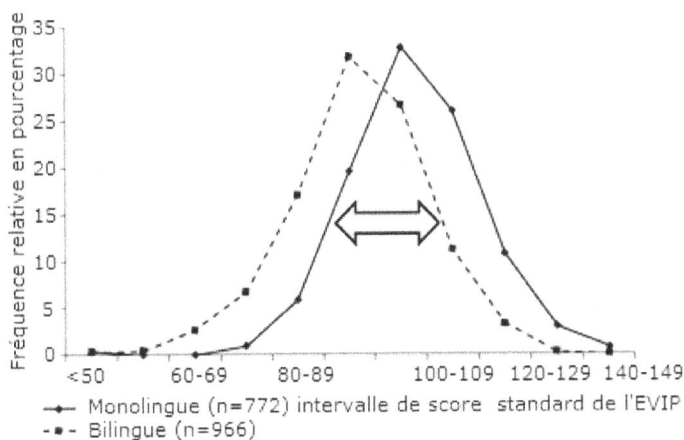

Figure 4. Vocabulaire anglais chez les enfants monolingues et bilingues.
Données de Bialystok et al.[72]

Troubles du langage, troubles de l'apprentissage et enfants bilingues

Les programmes d'éducation spécialisée sont offerts aux enfants ayant besoin d'un soutien supplémentaire pour répondre aux attentes en matière de résultats scolaires. Les tests standardisés sont couramment utilisés pour identifier les enfants aptes à suivre ces programmes, en se basant souvent sur leur position dans une distribution normale. Cependant, comme nous l'avons vu, il existe plusieurs raisons pour lesquelles certains enfants peuvent se situer en position inférieure sur ces distributions, sans nécessairement avoir un trouble d'apprentissage spécifique. Par exemple, les enfants issus de milieux socioéconomiques défavorisés ou les enfants bilingues peuvent obtenir des résultats verbaux inférieurs à ceux de leurs pairs, même en l'absence de difficultés cognitives. Il n'est donc pas étonnant que ces enfants soient surreprésentés dans les programmes d'éducation spécialisée, du moins aux États-Unis.[14]

Afin d'évaluer le développement linguistique, scolaire et cognitif des enfants ayant des besoins particuliers, il est crucial de choisir la norme en comparaison de laquelle leurs capacités et progrès seront mesurés. La comparaison entre enfants bilingues inscrits dans des programmes d'éducation spécialisée ou diagnostiqués avec des troubles de l'apprentissage et des enfants bilingues n'ayant pas de difficultés ne serait pas significative car elle indiquerait seulement que les enfants ayant des besoins particuliers font face à des défis plus grands. Au lieu de cela, la comparaison pertinente est entre les enfants monolingues et bilingues qui ont été appariés sur toutes les variables pertinentes, y compris l'identification et le degré d'un trouble du langage. Toutefois, cela est difficile à réaliser car les troubles du langage peuvent apparaître différemment chez les enfants monolingues et bilingues. Malheureusement, la recherche dans ce domaine est encore limitée, bien qu'il s'agisse d'un domaine important à explorer davantage.

La diversité de termes et de désignations utilisés pour désigner les troubles de l'apprentissage représente un autre obstacle à l'identification des besoins particuliers des enfants bilingues. À l'origine, le terme utilisé pour décrire un trouble du langage en l'absence d'autres problèmes cognitifs était Trouble spécifique du langage (TSL), défini comme un handicap du langage sans présence d'autres troubles cognitifs.[73] Le TSL est une condition neurodéveloppementale qui touche environ 7 % de la population générale et peut causer des difficultés d'apprentissage du langage et un retard de développement en raison de ses impacts sur le développement neurocognitif. Cependant, les critères diagnostiques pour cette condition sont devenus flous en raison de la rareté des cas où il n'y a pas de défi cognitif associé. En conséquence, des recherches plus récentes ont proposé des termes et des descriptions différents, tels que les troubles du développement du langage (TDL), les troubles primaires du langage (TPL) et les troubles spécifiques de l'apprentissage (TSA), pour désigner cette condition qui reste fondamentalement la même.

Les troubles du langage peuvent être difficiles à diagnostiquer, en particulier chez les enfants bilingues. Les marqueurs courants de ces troubles peuvent être observés dans le développement normal du langage chez les enfants bilingues, tels qu'un retard dans l'acquisition du langage ou un niveau de vocabulaire inférieur à la norme. Cela soulève la question de savoir comment distinguer un retard de langage clinique chez un enfant bilingue d'un développement normal de l'apprentissage de deux langues. Kathryn Kohnert et ses collègues[74] ont mené des études pour répondre à cette question et ont conclu que les enfants bilingues présentent des résultats similaires à ceux des enfants monolingues atteints d'un retard de langage dans de nombreuses tâches linguistiques, mais des résultats similaires à ceux des enfants monolingues au développement typique dans les tâches cognitives. De ce fait, seul le score de maîtrise du langage diffère chez les enfants bilingues par rapport aux autres enfants ayant un développement typique. Il est important de rappeler que la définition originale des troubles spécifiques du langage incluait uniquement un handicap du langage sans autres troubles cognitifs associés. Cependant, cette définition a été révisée lorsque des recherches ont montré que ces enfants peuvent également présenter une variété d'autres troubles cognitifs. Pour les enfants bilingues qui présentent un retard dans l'acquisition du langage, cela peut simplement signifier qu'ils prennent plus de temps pour apprendre la langue. Il est donc important de ne pas interpréter trop rapidement ces retards dans l'apprentissage du langage chez les enfants bilingues comme des troubles cliniques.

La recherche sur l'interaction entre le bilinguisme et les troubles du langage est encore limitée, ce qui signifie que les conclusions sont encore incertaines. Cependant, une étude approfondie menée par Johanne Paradis a examiné les études comparant les enfants bilingues aux enfants monolingues, aux enfants atteints de troubles spécifiques du langage, et les enfants bilingues atteints de troubles spécifiques du langage aux enfants bilingues ayant un développement typique. Les résultats ont montré des différences dans le développement du langage bilingue par rapport à celui des enfants monolingues. Cependant, rien ne suggère que le bilinguisme aggrave les défis présentés par les troubles spécifiques du langage, et il n'y a pas de double handicap pour les enfants bilingues atteints de ces troubles. Il est important de poursuivre la recherche dans ce domaine pour mieux comprendre comment le bilinguisme peut affecter le développement du langage chez les enfants ayant des besoins particuliers.

Enfin, un obstacle important à l'évaluation des enfants bilingues est que les instruments de mesure ont été standardisés pour des enfants monolingues, et dans la plupart des cas, pour des locuteurs monolingues de l'anglais. Cela est particulièrement vrai aux États-Unis, où la plupart des évaluations d'enfants bilingues et des discussions concernant l'éducation bilingue sont liées au bilinguisme espagnol-anglais. Cependant, pour les nombreuses autres langues pour lesquelles il n'existe aucun moyen d'évaluation, il est impossible de tester les enfants dans les deux langues, ce qui rend l'évaluation des compétences linguistiques des enfants bilingues plus difficile. Pour surmonter cet obstacle, des instruments bilingues sont actuellement construits et testés avec des résultats prometteurs.[76-78] Cela représente une initiative importante qui fournira les outils nécessaires pour des évaluations plus précises à l'avenir, ainsi que la possibilité de servir une communauté plus large d'enfants bilingues ayant des besoins particuliers.

L'éducation bilingue est-elle pour tout le monde ?

Le terme « éducation bilingue » n'a pas de signification unique. Les enfants peuvent être éduqués dans plusieurs langues ou dans une langue autre que celle utilisée à la maison pour différentes raisons. Par exemple, pour apprendre une langue étrangère à un haut niveau de compétence, pour préserver une langue d'origine qui n'est pas parlée dans la communauté, ou pour s'intégrer dans une culture différente et apprendre la langue de la communauté. De plus, ces situations impliquent différents degrés de choix. Par exemple, l'apprentissage de la langue de la communauté est probablement un besoin plus pressant que l'apprentissage d'une langue étrangère. Les parents sont soumis à des pressions pour décider d'inscrire leurs enfants à ces programmes, motivées par différents facteurs, et les conséquences de cette décision varient considérablement. La pertinence universelle de l'éducation bilingue pour tous les enfants dépend du type de programme envisagé. De ce fait, les besoins et le profil uniques de chaque enfant doivent être pris en compte avant de prendre une décision.

En général, les études qui ont évalué différents programmes d'éducation bilingue ont montré des résultats positifs. Ces évaluations ont porté sur les résultats linguistiques, les résultats scolaires ou le développement cognitif de base. Dans certains cas, les résultats sont considérés comme positifs car il n'y a pas de différence dans au moins certains domaines entre les enfants d'un programme bilingue et les enfants comparables d'un programme standard, ce qui montre que le programme bilingue n'a pas compromis l'apprentissage. Dans d'autres cas, les enfants inscrits à un programme bilingue obtiennent de meilleurs résultats que leurs pairs inscrits à un programme standard, le plus souvent dans le domaine linguistique, mais parfois aussi dans les évaluations scolaires et cognitives, ce qui démontre que le programme est bénéfique pour l'apprentissage. Bien qu'il soit rare de trouver des études montrant de meilleurs résultats dans les programmes standard que dans les programmes bilingues, cela peut se produire pour certains enfants. Dans ce cas, les parents doivent donc examiner attentivement les options et prendre en compte les besoins et les préférences de leur enfant pour prendre la décision la plus adaptée à leur situation.

Les enfants atteints de troubles d'apprentissage, en particulier des troubles du langage, peuvent rencontrer des difficultés pour suivre un programme éducatif qui exige des compétences linguistiques importantes. Cependant, il est important de se demander dans quelle mesure un programme bilingue serait plus difficile pour eux qu'un programme standard, ainsi que de considérer l'équilibre entre les défis et les avantages potentiels du programme bilingue. Ces questions sont à la fois théoriques, car elles s'appliquent à des groupes d'enfants, et personnelles, car elles concernent un enfant individuel. Il n'y a pas de réponses universelles, mais la recherche peut offrir des orientations. En général, les résultats de la recherche sur les enfants bilingues souffrant de troubles du langage indiquent qu'ils ne sont pas nécessairement désavantagés par les programmes bilingues.[75] Mais ce résultat n'est peut-être pas suffisant pour les parents qui souhaitent que l'éducation de leurs enfants soit la moins stressante possible, ce qui leur permettrait peut-être de consacrer du temps à répondre directement à leurs besoins d'apprentissage. Il convient de considérer également l'opportunité pour l'enfant d'apprendre une nouvelle langue. En effet, Kathryn Kohnert[79] soutient qu'enlever une langue à un enfant bilingue présentant des troubles d'apprentissage reviendrait à le priver de la possibilité de devenir un enfant bilingue, pour se retrouver avec un enfant monolingue qui présente des troubles d'apprentissage. Néanmoins, les choix éducatifs demeurent complexes et personnels.

Les témoignages individuels peuvent souvent fournir des preuves contradictoires à la recherche existante. Il y a quelques années, le directeur d'une école internationale haut de gamme, offrant un programme bilingue, m'a raconté que certaines familles s'opposaient à l'implémentation de ce programme. Il a expliqué que certains étudiants ne fréquentaient l'école que temporairement, souvent pour une ou deux années seulement, car leur famille était en déplacement, et qu'ils suivaient ensuite un programme de leur pays d'origine après l'école, qui était bien sûr offert dans une langue différente de celle du programme scolaire bilingue. Les parents ont demandé que leur enfant soit exempté de la partie bilingue du programme scolaire, affirmant que c'était trop de travail et que de mauvaises notes dans cette langue pourraient compromettre leur dossier, ce qui pourrait avoir un impact sur leur admission dans une bonne université dans leur pays d'origine. Les parents avaient peut-être raison, mais le directeur de l'école a refusé de les exempter.

Une autre anecdote concerne un collègue de renom qui parle couramment de nombreuses langues. Cependant, il a grandi dans un pays différent de celui où il est né, et la langue de son éducation ainsi que la langue de sa socialisation dans l'enfance, étaient différentes de la langue de la maison, celle qu'il considère toujours comme sa langue maternelle. Il m'a confié qu'au moins durant son enfance, il avait l'impression de ne maîtriser parfaitement aucune langue, ni d'être complètement à l'aise dans l'une d'entre elles. Mais bien sûr, il s'agit d'une personne aux exigences *très* élevées !

Il peut exister des situations particulières ou des facteurs individuels qui peuvent s'opposer a l'education bilingue pour certains enfants. Cependant, les alternatives éducatives offrent des options, et plus il y a de choix, plus il est possible de prendre de bonnes décisions. L'éducation bilingue peut ne pas être la solution idéale pour tout le monde, mais les recherches disponibles sur ces programmes montrent qu'ils ne présentent aucun risque supplémentaire pour le développement des enfants, du moins pour la plupart d'entre eux. C'est simplement bon d'avoir le choix.

Points à retenir

- La distinction entre *l'éducation bilingue*, qui désigne les programmes éducatifs dispensés en deux langues, et *l'éducation des enfants bilingues*, qui renvoie à l'expérience scolaire de ces enfants, est importante.
- Les programmes d'éducation bilingue peuvent varier considérablement, mais en général, ils donnent de bons résultats éducatifs.
- Le choix du programme éducatif optimal pour les enfants bilingues avec des besoins d'apprentissage spécifiques dépend d'une évaluation globale des avantages et des obstacles associés à chaque option.

Chapitre 4
Apprendre à lire

Tous les parents connaissent le plaisir de conduire en ville, sans penser à rien en particulier, avec un jeune enfant bien attaché sur le siège arrière, lorsque soudain une voix aiguë vient de l'arrière et demande : « C'est quoi un Jardiland ? » L'enfant sait lire ! Savoir lire et écrire est une étape importante dans le développement de l'enfant, étape qui lui donne accès à une compréhension plus profonde du monde qui l'entoure et à une indépendance dans la navigation que les enfants qui ne savent pas lire n'ont pas. Il y a un moment magique où les enfants comprennent le processus de la lecture, et à partir de ce moment-là, ils ne peuvent plus s'empêcher de lire tout ce qu'ils voient : panneaux de signalisation, boîtes de céréales, papiers laissés au hasard dans la maison. Tout à coup, le monde est plein de sens !

Cependant, la lecture n'est pas une conséquence automatique de l'apprentissage du langage. Pour devenir des lecteurs indépendants, les enfants doivent acquérir de nombreuses compétences et connaissances. Ils ont besoin d'une base solide de connaissances linguistiques, notamment un vocabulaire suffisant et une compréhension de la structure grammaticale. Ils doivent également comprendre les unités de la langue, comme les sons et les syllabes, et avoir conscience de la structure narrative des histoires. Enfin, et c'est peut-être le plus important, ils doivent posséder les ressources cognitives nécessaires pour traduire les symboles écrits en sons familiers de la langue parlée, en utilisant le processus de traduction requis par le système d'écriture de cette langue. Ces compétences se développent au fil des années avec l'expérience et la pratique, et la lecture régulière d'histoires dans toutes les langues que l'enfant connaît est la méthode la plus efficace pour aider à l'alphabétisation. Mais qu'en est-il des enfants élevés dans deux langues ? Est-ce que l'apprentissage de la lecture dans une langue garantit l'alphabétisation dans l'autre langue ? Ou est-ce que l'apprentissage de la lecture dans deux langues devient tout simplement trop difficile pour les enfants ?

En comparaison avec l'acquisition d'une langue parlée, l'apprentissage de la lecture peut varier considérablement d'un enfant à l'autre. Certains enfants apprennent à lire avec succès en suivant un programme structuré, tandis que d'autres rencontrent des difficultés même avec un enseignement et un accompagnement de qualité. Il existe également des enfants qui semblent apprendre à lire spontanément et sans effort avant même d'être exposés à l'enseignement formel. La recherche a examiné en détail cette diversité de résultats et de capacités lors de l'acquisition de l'alphabétisation. Bien que les conclusions ne soient pas encore claires, les recherches ont identifié les composantes clés qui influencent cette variabilité. Les travaux de Peter Afflerbach[80] fournissent un résumé de cette recherche.

Mais qu'en est-il des enfants qui parlent plusieurs langues et qui apprennent à lire dans une ou plusieurs de ces langues ? La question peut paraître simple, mais les réponses sont complexes et dépendent d'un grand nombre de situations spécifiques. Par exemple : (a) est-ce que l'enfant parle déjà deux langues et ajoute l'alphabétisation à une langue qu'il maîtrise déjà, (b) l'enfant apprend-il une deuxième langue et l'alphabétisation associée à cette langue en même temps, une situation qui se produit généralement à l'école, (c) cette langue scolaire est-elle également utilisée à la maison et (d) l'enfant apprend-il à lire dans deux langues écrites avec des systèmes d'écriture identiques ou différents ? Chacune de ces situations présente des défis différents pour les enfants qui apprennent à lire.

Les langues peuvent être écrites de différentes manières, mais pour comprendre ces différences, il est important de comprendre comment les linguistes divisent le langage en unités. La plus petite unité du langage est le phonème : le mot CHAT, par exemple, a deux phonèmes, tandis que le mot CHATON en a quatre. L'ensemble des phonèmes qui peuvent être prononcés ensemble forme une syllabe : le mot CHAT a une syllabe, tandis que le mot CHATON en a deux. La plus petite unité qui a un sens est un morphème : le mot CHAT a un morphème (animal domestique), tandis que le mot CHATS en a deux (animal domestique au pluriel). Toutes ces unités - phonème, syllabe et morphème - peuvent être utilisées pour traduire la parole en texte imprimé.

Les langues utilisent l'un des trois principaux systèmes d'écriture, chacun basé sur une unité différente. Dans les systèmes alphabétiques, les symboles représentent des sons individuels, ou phonèmes (comme en anglais ; A, B). Les systèmes syllabiques ou syllabaires représentent tous les sons inclus dans une syllabe avec des symboles (comme dans plusieurs langues autochtones telles que l'ojibwé : ᐅ, ᐁ). Les systèmes d'écriture morphophonémiques (comme le chinois : 正體字), représentent les unités de sens par le biais de morphèmes et incluent des informations phonémiques. Et pour nous embrouiller davantage, le japonais utilise à la fois des systèmes syllabiques et morphophonémiques, et le coréen combine des éléments d'écriture alphabétique et syllabique. Les syllabaires sont peut-être le système d'écriture le plus intuitif et ont été utilisés dans les tout premiers systèmes d'écriture, comme le linéaire B, bien qu'il y ait eu des systèmes d'écriture alphabétiques avant cela, notamment le phénicien. Cependant, les syllabaires ont été choisis par les missionnaires européens dans le Nouveau Monde qui ont créé des systèmes d'écriture pour les langues autochtones orales qu'ils ont rencontrées en Amérique du Nord (les communautés autochtones d'Amérique centrale et d'Amérique du Sud avaient leurs propres systèmes d'écriture). Dans chaque système d'écriture, l'ensemble des symboles utilisés varie également : L'anglais s'écrit en caractères romains (A, B) et le russe en caractères cyrilliques (A, Б), bien que tous deux soient des systèmes d'écriture alphabétiques. De même, le mandarin s'écrit en caractères simplifiés et le cantonais en caractères traditionnels, bien que tous deux soient des systèmes d'écriture morphophonémiques. C'est pourquoi, même au sein d'un même système d'écriture, le type d'alphabet peut représenter une différence supplémentaire.

Tous ces éléments sont significatifs et ont un impact sur la progression des enfants dans leur apprentissage de la lecture. Les diverses interactions entre les langues et leurs systèmes d'écriture respectifs peuvent affecter la réussite des enfants dans l'apprentissage de la lecture en plusieurs langues. Il n'y a pas de réponse universelle à la question de savoir comment le bilinguisme affecte l'apprentissage de la lecture et de l'alphabétisation.

La guerre des méthodes de lecture

Il est surprenant de constater que des termes militaires ont été employés pour décrire les controverses dans le domaine de l'enseignement, mais c'est pourtant ce qui s'est produit dans la polémique sur l'apprentissage de la lecture. Le conflit qui a mené à une « guerre » découle d'une dichotomie qui, comme toutes les dichotomies, est excessivement simpliste : quelle est la méthode « correcte » pour apprendre à lire ? Doit-on enseigner par correspondance entre les sons et les symboles qui les représentent (méthode phonétique), ou en enseignant la reconnaissance globale des mots qui communiquent une signification (méthode globale) ? Le débat « phonétique contre global » a été très intense dans les années 1980[81] et continue aujourd'hui.[82] Cependant, il convient de souligner que cette controverse est teintée d'un soupçon de nationalisme linguistique, car elle ne concerne que les langues alphabétiques, le système d'écriture principalement utilisé dans le monde occidental. Les guerres de la lecture ont principalement porté sur la manière d'enseigner la lecture de l'anglais aux enfants.

Lors des débats sur l'apprentissage de la lecture, différents modèles ont été proposés pour expliquer comment les enfants apprennent à lire, en particulier en ce qui concerne la dichotomie entre la phonétique et la signification. Certains modèles ont clairement choisi leur camp, tandis que d'autres ont cherché à trouver un compromis en combinant des éléments des deux. Un modèle courant est celui de la *Vision simple de la lecture* (*Simple View of Reading*)[03], qui, comme son nom l'indique, est assez simple. Ce modèle part du principe que la compréhension est l'objectif principal de la lecture. Pour y parvenir, la compréhension de la lecture résulte de la combinaison de deux éléments : la capacité de décodage (interprétation des symboles sur la page) et la compréhension de la langue (compréhension du sens du texte). Par conséquent, le modèle *Vision simple de la lecture* évite en partie la guerre de la lecture en incluant des éléments phoniques et sémantiques. Si les enfants apprennent à traduire les symboles en sons et à les intégrer dans des phrases significatives, ils deviendront des lecteurs compétents.

Bien que le modèle *Vision simple de la lecture* soit une solution satisfaisante pour l'apprentissage de la lecture en anglais, il peut être problématique pour les enfants bilingues. Les premières recherches ont examiné ce modèle dans le cadre d'études portant sur des enfants bilingues espagnol-anglais apprenant à lire aux États-Unis, et ont montré que ce modèle était adapté à cette population particulière. Cependant, l'apprentissage de la lecture dans deux langues nécessite une approche différente, car la capacité de décodage dépend des systèmes d'écriture utilisés dans chaque langue et de leurs relations. Bien que l'espagnol et l'anglais utilisent tous deux un système alphabétique, les règles de décodage sont différentes. Par exemple, l'espagnol a des relations son-symbole très fiables, tandis que l'anglais a des correspondances son-symbole peu fiables (-INT, comme dans « pint » (/paɪnt/) ou « hint » (/hɪnt/) ; -OUGH, comme dans « bough » (/baʊ/) ou « through » (/θru/)). Les enfants doivent donc avoir des attentes différentes lorsqu'ils décodent des symboles écrits en espagnol ou en anglais, même si les deux langues utilisent les mêmes lettres. Le modèle de la *Vision simple de la lecture* accorde une grande importance à la maîtrise de la langue, qui est largement déterminée par le vocabulaire. Il est rare que les enfants aient une compétence égale dans les deux langues, voire jamais, et dans le cas des enfants bilingues espagnol-anglais, il peut y avoir d'autres difficultés qui entravent le développement d'une compétence adéquate pour soutenir la lecture. Comme nous l'avons vu dans le chapitre 1, les enfants bilingues espagnol-anglais aux États-Unis sont souvent issus de milieux socioéconomiques défavorisés, et ces contextes sont souvent associés à un développement linguistique plus faible et à un vocabulaire moins étendu. Alors, que pouvons-nous attendre lorsque ces enfants apprennent à lire ? Le modèle de la Vision simple de la lecture a grandement contribué à expliquer le développement de la littératie chez les enfants bilingues espagnol-anglais[84], du moins en identifiant les éléments de la lecture qui doivent être maîtrisés dans les deux langues. Par exemple, le décodage est souvent plus facile en espagnol qu'en anglais, mais la compréhension dépend du vocabulaire spécifique à chaque langue.

Cependant, l'application de ce modèle à l'apprentissage de la lecture dans d'autres langues est moins certaine.

Les guerres de la lecture ont dominé le débat sur l'enseignement de la lecture et de l'écriture pendant des décennies, mais elles sont basées presque entièrement sur l'enseignement de la lecture et de l'écriture dans des langues alphabétiques, et plus précisément en anglais. Le débat devient encore plus complexe lorsque les enfants apprennent à lire dans deux langues qui ne partagent pas nécessairement un système d'écriture ou un alphabet commun. Dans ces cas, le mécanisme de compréhension de la lecture peut reposer sur des connaissances de base différentes. De nombreuses complexités liées à ce type d'apprentissage restent encore à découvrir.

Combien de langues ?

Il est évident que pour apprendre à lire, il est essentiel de maîtriser la langue, et de nombreuses recherches ont documenté le rôle crucial de la maîtrise de la langue orale dans le développement de la lecture. La connaissance de la langue, définie ici par l'étendue du vocabulaire, est l'un des deux facteurs clés du modèle de la Vision simple de la lecture. Il est également bien connu que le statut socioéconomique (SSE) est le facteur le plus important qui influence l'étendue du vocabulaire : les enfants qui vivent dans des environnements défavorisés sur le plan socioéconomique connaissent moins de mots que les enfants issus de familles plus aisées, comme nous l'avons décrit dans le chapitre 1.[21] Ces enfants sont également plus susceptibles que les enfants issus de milieux socioéconomiques plus élevés de rencontrer des difficultés à l'école et de rencontrer des obstacles lors de l'apprentissage de la lecture. Ce retard initial en matière de langage se poursuit tout au long de la scolarité, car les enfants issus de milieux socioéconomiques défavorisés prennent en moyenne encore plus de retard.

Comme les enfants issus de milieux socioéconomiques défavorisés par rapport aux enfants issus de milieux socioéconomiques plus aisés, les enfants bilingues connaissent moins de mots dans chaque langue par rapport aux enfants monolingues qui ne parlent qu'une de ces langues. Bien que certains chercheurs affirment que l'écart est comblé si le vocabulaire est mesuré dans les deux langues[85], d'autres soutiennent qu'il persiste toujours une différence entre les enfants monolingues et bilingues.[86] Ce point a été illustré dans le chapitre 3. Cependant, est-ce que cette limitation du vocabulaire impose un fardeau similaire à celui que connaissent les enfants issus de milieux socioéconomiques défavorisés lorsqu'ils apprennent à lire ? La réponse courte est non, ce n'est pas le cas.

Si le vocabulaire n'est mesuré que dans une seule langue, qui est généralement la langue d'enseignement, les enfants qui parlent une autre langue à la maison ont été moins exposés à cette langue et, comme les enfants issus de milieux socioéconomiques défavorisés décrits ci-dessus, ont eu moins d'occasions de construire leur vocabulaire dans cette langue. Les enfants apprennent des mots différents à la maison et à l'école, et bien que les tests de vocabulaire incluent généralement les deux groupes, les mots les plus importants pour la réussite scolaire sont ceux enseignés à l'école.

Mes collègues et moi avons eu l'occasion de démontrer ce point dans notre étude sur le vocabulaire réceptif en anglais, décrite au chapitre 3.[72] Bien qu'une courbe en cloche normale ait été formée avec les résultats de tous les enfants (voir Figure 4) et que les scores moyens étaient tous proches de la moyenne générale de 100, le score moyen des enfants qui parlaient également une langue autre que l'anglais à la maison était beaucoup plus bas que celui des enfants monolingues, d'environ 95 contre environ 105. Des résultats similaires ont été trouvés dans une étude portant sur 1 605 adultes.[87] Cependant, ces scores moyens ne prennent pas en compte le fait que les personnes bilingues connaissent également des mots dans au moins une autre langue. Dans de nombreux cas, les mots qu'ils connaissent dans les deux langues font référence à des concepts différents, de sorte que leur score de vocabulaire dans une seule langue ne peut être interprété comme un « déficit ». Pour cette raison, nous avons besoin de plus d'informations sur la manière dont le vocabulaire global des enfants bilingues est constitué.

Nous avons examiné le vocabulaire de manière plus détaillée dans un sous-ensemble de 161 enfants de 6 ans issus de la grande étude décrite ci-dessus. Tous les enfants de cette étude vivaient dans une

communauté anglophone et fréquentaient des écoles où
l'enseignement était dispensé en anglais. Ils parlaient des dizaines de
langues autres que l'anglais, il aurait donc été impossible de les tester
tous pour le vocabulaire. Notre approche a consisté à examiner plus
attentivement les mots anglais pour voir s'il y avait des tendances
dans les types de mots que les monolingues et les bilingues
connaissaient. Nous avons divisé les mots en deux catégories
indiquant la probabilité qu'ils aient été appris et utilisés dans
l'environnement familial ou dans l'environnement scolaire. De ce
fait, les mots se référant à la nourriture, à la famille et aux activités
domestiques étaient considérés comme des mots « domestiques », y
compris des éléments tels que « courge », « caméscope » (l'étude date
d'il y a longtemps !) ou « pichet ». En revanche, les mots se référant à
des abstractions, des professions ou des activités scolaires étaient
considérés comme des mots « scolaires », notamment « astronaute »,
« raton laveur » ou « rectangle ». Dans le cas des enfants monolingues,
il n'y avait pas de différence entre les scores pour les mots à la maison
et les mots à l'école. Ce n'était pas le cas pour les enfants bilingues.
Dans ce groupe, les scores de vocabulaire anglais étaient plus élevés
pour les mots de l'école que pour ceux de la maison, mais plus
important encore, les scores pour les mots de l'école étaient
équivalents à ceux des enfants monolingues. En d'autres termes,
toute la différence de vocabulaire anglais entre les groupes peut être
expliquée par la connaissance des mots « maison ». Les scores pour
les mots anglais issus de l'expérience en classe étaient les mêmes pour
tous les enfants, et ces mots sont vraisemblablement les plus
importants pour l'alphabétisation et d'autres formes de réussite
scolaire. En substance, les résultats montrent que les enfants bilingues
sont plus susceptibles de nommer les aliments et les activités
familiales dans la langue non anglaise. En bref, rien ne prouve qu'il y
ait un « déficit de vocabulaire » chez les enfants bilingues, dès lors
que l'on tient compte de l'ensemble de leurs connaissances
linguistiques.

Qu'il y ait ou non des différences de niveau de vocabulaire entre
les enfants monolingues et bilingues, le niveau de maîtrise d'une
langue a-t-il un impact sur l'apprentissage de la lecture ? Selon le
modèle Vision simple de la lecture, le décodage et la compréhension

sont en partie déterminés par la maîtrise d'une langue de l'enfant. Que se passe-t-il si les enfants bilingues commencent avec des niveaux de maîtrise de la langue plus faibles ?

Une étude a été menée avec 60 enfants bilingues pour déterminer s'il existait une corrélation entre leur niveau de vocabulaire et leur capacité de lecture.[88] Environ 60 % des enfants de l'étude parlaient à la fois l'anglais et l'espagnol, tandis que 40 % parlaient l'anglais et une langue asiatique, principalement le chinois. Cependant, il est important de noter qu'il y avait une différence de statut socioéconomique entre les deux groupes non anglophones, avec les familles asiatiques étant plus instruites que celles d'origine hispanique. Cette différence d'éducation parentale est significative pour le développement de l'alphabétisation des enfants. Les résultats ont montré une relation significative entre le vocabulaire anglais des enfants et leurs performances en décodage et en compréhension dans les tests de lecture en anglais pour les deux groupes linguistiques. Les auteurs ont conclu que le modèle de la Vision simple de la lecture s'applique aux enfants bilingues apprenant à lire, indépendamment du statut socioéconomique ou de l'autre langue.

Les résultats confirment un modèle d'apprentissage de la lecture souvent utilisé dans les études sur l'acquisition de la littératie chez les monolingues, qui met l'accent sur l'importance de maîtriser la langue. En confirmant la relation entre le vocabulaire en anglais, qui est la deuxième langue de ces enfants, et les résultats de lecture en anglais, ces résultats ont des implications pédagogiques claires : si les compétences linguistiques des enfants bilingues sont améliorées, leur réussite en lecture suivra. Mais dans quelle mesure ce résultat est-il garanti ? L'étude soulève plusieurs questions non résolues. Tout d'abord, l'absence d'enfants monolingues dans l'étude ne permet pas de comparer le développement de l'alphabétisation des enfants bilingues à celui des enfants monolingues. De plus, il y a peu d'informations sur la manière dont cette relation entre le vocabulaire et la lecture fonctionne pour les enfants bilingues apprenant à lire dans deux langues qui ont des systèmes d'écriture différents. En outre, l'étude ne rapporte aucune comparaison entre les sous-groupes espagnol et asiatique, ce qui empêche de tirer des conclusions sur les éventuelles différences dans ces relations. Enfin, aucune information n'a été fournie sur l'apprentissage de la lecture dans l'autre langue des enfants bilingues. Est-ce que les bilingues espagnol-anglais auraient plus de facilité à décoder car les deux systèmes d'écriture sont similaires, tandis que les bilingues langue asiatique-anglais auraient plus de difficulté car l'une des langues n'utilise peut-être pas de système alphabétique ?

Dans une étude antérieure, nous avons examiné cette question chez des élèves de première année qui venaient d'apprendre à lire. Il y avait quatre groupes d'enfants différents dans cette étude : les enfants monolingues anglais, les enfants bilingues espagnol-anglais qui partagent le même système d'écriture et le même alphabet, les enfants bilingues hébreu-anglais qui partagent le même système d'écriture mais des alphabets différents, et les enfants bilingues chinois-anglais qui utilisent des systèmes d'écriture différents.[89] Tous les enfants ont été testés pour mesurer leur capacité à décoder de nouveaux mots, leur compréhension des unités linguistiques (son, mot, signification) et l'étendue de leur vocabulaire. Les enfants des trois groupes bilingues ont passé ces tests dans les deux langues. Les résultats ont été différents pour les quatre groupes. Les enfants dont la langue non anglaise était écrite en alphabet (espagnol, hébreu) avaient une plus grande conscience des unités sonores que le groupe bilingue chinois dont l'autre langue n'est pas écrite en alphabet. De plus, les scores de lecture dans les deux langues étaient corrélés pour les enfants dont les deux langues étaient écrites dans le même système d'écriture, c'est-à-dire alphabétiquement, mais non corrélés pour les bilingues chinois-anglais dont les langues utilisaient des systèmes d'écriture différents. Les enfants semblent extrapoler ce qu'ils savent de la lecture dans une langue et l'appliquer à la lecture dans l'autre langue, mais cela ne fonctionne que si les deux langues sont écrites dans le même système.

Pour résumer, les résultats de la recherche indiquent que les modèles qui expliquent le développement de l'alphabétisation chez les enfants monolingues sont également pertinents pour les enfants bilingues. Cela est encourageant car cela suggère que les méthodes d'enseignement de l'alphabétisation qui ont fait leurs preuves avec les enfants monolingues peuvent être également efficaces pour les enfants bilingues.

La langue comme objet : la conscience métalinguistique

La différence fondamentale entre le langage parlé et le langage écrit réside dans la visibilité du second et l'invisibilité du premier. Les enfants apprennent à parler sans avoir conscience que les mots sont constitués de sons et doivent obéir à des règles grammaticales. Leur préoccupation première est d'utiliser les mots pour obtenir ce qu'ils veulent. En revanche, la langue écrite fonctionne différemment. Comme toute langue écrite est une transcription de la langue parlée, les unités transmises doivent être claires. Pour les langues alphabétiques, il s'agit de sons ; pour les langues à caractères, de morphèmes. La connaissance de ces unités écrites et la prise de conscience de leur existence distincte de leur signification sont appelées « conscience métalinguistique ». Elle est fondamentale pour l'acquisition des compétences en lecture et écriture.

Les premières recherches sur les enfants bilingues ont comparé leur développement à celui d'enfants monolingues similaires dans l'acquisition de la conscience métalinguistique.[90] Si une différence de développement existe entre les enfants monolingues et bilingues, il est plus probable qu'elle se manifeste dans les concepts relatifs au langage. La compréhension des propriétés formelles du langage est cruciale pour toutes les utilisations avancées des langues, en particulier pour l'acquisition de l'alphabétisation. Comment les enfants se rendent-ils compte que le mot « mer » contient trois sons, que le mot « neige » n'est pas froid, ou que le mot « chenille » est plus grand que le mot « baleine », même s'il fait référence à une chose plus petite ? Ces différents aspects de la conscience métalinguistique sont tous essentiels pour acquérir des compétences en alphabétisation.

Les recherches menées dans les années 1970 et 1980 ont confirmé les prédictions selon lesquelles les enfants bilingues étaient plus conscients des aspects métalinguistiques que les enfants monolingues. Une méthode utilisée pour étudier cela consistait à leur faire passer des tests de grammaire dans lesquels ils devaient décider si les phrases étaient grammaticalement correctes ou non, ou si elles étaient dites de la « bonne façon » ou de la « mauvaise façon », comme on l'expliquait aux enfants. Les chercheurs ont testé les enfants en leur présentant des phrases contenant des erreurs grammaticales dans différentes structures. Dans certains cas, les enfants devaient expliquer pourquoi la phrase était incorrecte et, éventuellement, la corriger pour démontrer leur connaissance explicite de la règle. En général, les enfants bilingues ont obtenu de meilleurs résultats que les enfants monolingues dans ces tâches, conduisant les chercheurs à conclure que la connaissance de deux langues facilite la compréhension de la structure sous-jacente de toute langue.[91] Si les enfants bilingues développent leur conscience métalinguistique plus tôt que les enfants monolingues, alors cela devrait se traduire par un développement plus précoce de l'alphabétisation.

Cependant, à mesure que les recherches ont avancé, les résultats ont semblé moins cohérents et certaines des tâches de jugement grammatical étaient résolues de manière similaire par les enfants monolingues et bilingues. Dans une série d'études, les chercheurs ont cherché à déterminer les caractéristiques qui permettaient aux bilingues de mieux réussir ces tâches que les enfants monolingues. Pour ce faire, nous avons adapté la tâche de jugement standard en créant quatre types de phrases pour déterminer les caractéristiques qui permettaient aux bilingues de mieux réaliser les tâches de jugement grammatical que les enfants monolingues. Les deux premiers types de phrases étaient les mêmes que ceux utilisés dans les études précédentes : les phrases correctes, grammaticalement correctes et significatives (« Les pommes poussent sur les arbres »), et les phrases incorrectes, qui comportaient une erreur grammaticale (« Les pommes les arbres sur poussent »). Les deux autres types de phrases que nous avons ajoutés étaient les phrases anomalies, grammaticalement correctes mais non cohérentes dans leur sens (« Les pommes poussent sur les nez »), et les phrases erreurs, qui étaient incorrectes à la fois pour la grammaire et le sens (« Les pommes les nez sur poussent »).

Les instructions étaient les mêmes pour tous les enfants : ils devaient déterminer si la phrase était correctement formulée ou non, sans tenir compte du sens. Cependant, une condition importante était celle des phrases anormales, qui nécessitait que les enfants fassent attention à la grammaire et ne soient pas distraits par le caractère absurde de la phrase. Les enfants monolingues et bilingues ont tous réussi à déterminer si des phrases significatives étaient correctement formulées ou non, mais les enfants bilingues ont systématiquement mieux réussi que les enfants monolingues dans le cas des phrases anormales. Les enfants bilingues ont réussi à aller au-delà du sens et à reconnaître que même si l'image est ridicule, « Les pommes poussent sur le nez » est correctement formulé. Les résultats ont montré qu'il y avait des différences entre les enfants monolingues et bilingues dans leur capacité à faire preuve de conscience métalinguistique, mais que ces différences n'étaient pas apparentes dans les tests simples de la structure du langage. C'est seulement lorsque des exigences supplémentaires ont été ajoutées à la tâche, dans ce cas, la nécessité d'ignorer le sens, que des différences ont été observées entre les groupes linguistiques.

Dans un autre exemple, nous avons voulu tester la compréhension des enfants selon laquelle le sens du mot imprimé provient entièrement de la façon dont il est écrit, et non de ce qui se trouve à proximité de celui-ci.[93] Nous avons montré deux images à des enfants âgés de 3 et 4 ans qui savaient tous nommer et reconnaître les lettres imprimées, mais qui ne savaient pas lire. Ensuite, nous avons placé une carte portant le nom de l'une des images en dessous, comme on peut le voir dans la figure 5.

Nous avons demandé à l'enfant de répéter le mot inscrit sur une carte, qui était « chien », puis un événement imprévu s'est produit : une peluche d'animal est passée en courant sur la table, déplaçant la carte sous l'autre image. Après avoir réprimandé la peluche, nous avons demandé à nouveau à l'enfant de dire le mot sur la carte. La plupart des enfants monolingues ont changé leur réponse en « arbre », tandis que les enfants bilingues ont compris que le mot sur la carte était toujours « chien ».

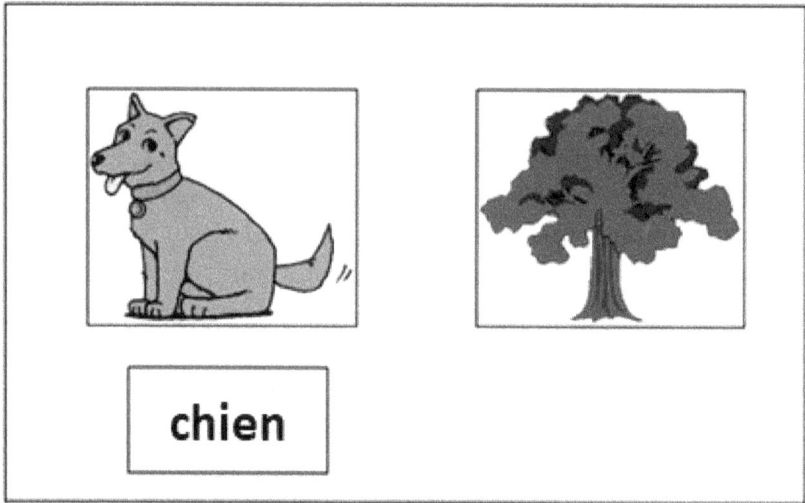

Figure 5. Tâche dans laquelle on demande aux enfants ce que dit le mot après qu'il a été « accidentellement » déplacé pour se trouver sous l'autre image.

Que ce soit pour évaluer la grammaire d'une phrase absurde ou pour comprendre que le mot sur la carte n'a pas changé simplement en raison de son déplacement, les enfants doivent faire preuve d'attention sélective en se concentrant sur les informations importantes (la grammaire de la phrase ou les lettres du mot) tout en ignorant les informations non pertinentes (le sens de la phrase ou le nom de l'autre image), même si ces éléments entrent en concurrence pour attirer leur attention. Dans les deux cas, les enfants sont invités à ignorer les informations linguistiques, mais la capacité d'ignorer les indices saillants et de ne pas se laisser distraire par eux afin d'arriver à la bonne réponse est une capacité cognitive qui s'applique également au langage. Par conséquent, la différence la plus importante entre les enfants monolingues et bilingues n'était pas simplement dans leur capacité à réaliser des tâches de conscience métalinguistique, mais plutôt dans les processus cognitifs nécessaires pour les réaliser. Ces processus seront abordés dans le chapitre 5.

Le lien cognitif

Si la conscience métalinguistique est cruciale pour apprendre à lire et que les enfants bilingues réussissent mieux les tâches de conscience métalinguistique que les enfants monolingues, cela signifie-t-il qu'ils ont également un avantage dans l'acquisition de la lecture ?

Pour devenir alphabétisés, les enfants doivent maîtriser la langue, mais il est important de rappeler que les enfants bilingues ont souvent un vocabulaire plus limité dans chaque langue que les enfants monolingues. Cependant, il est possible que la performance supérieure des enfants bilingues dans les tâches métalinguistiques soit mieux expliquée par les processus cognitifs que par la conscience métalinguistique. Par conséquent, pour comprendre comment les enfants apprennent à lire dans plusieurs langues, il est important de prendre en compte les fondements cognitifs de la lecture et de savoir comment ils peuvent différer chez les enfants qui apprennent à lire dans plusieurs langues.

La lecture implique l'activation d'un réseau de processus cognitifs pour déchiffrer, comprendre et intégrer les symboles imprimés afin de construire du sens, contrairement à la parole qui semble se dérouler sans effort. Bien que des processus cognitifs tels que la mémoire de travail, qui permet aux enfants de retenir et de manipuler les informations, aient été étudiés et jugés essentiels pour la lecture, ces études ont probablement été menées avec des enfants monolingues.[94] En revanche, certaines études ont examiné la mémoire de travail chez les enfants bilingues et ont constaté des résultats similaires.[95] En effet, les enfants ayant une meilleure mémoire de travail sont plus aptes à retenir les concepts pertinents et à intégrer le texte en temps réel que les enfants ayant une capacité moindre dans ce domaine, ce qui contribue à leur réussite en lecture. Plusieurs études ont même montré que les enfants bilingues ont une meilleure capacité de mémoire de travail que les monolingues.[96]

La lecture nécessite de nombreuses capacités cognitives, certaines d'entre elles sont moins directement liées à la lecture. Par exemple, la lecture nécessite de pouvoir adopter un point de vue différent du sien. Cette compétence peut être plus facilement acquise par les enfants bilingues, car ils comprennent déjà que les choses peuvent avoir deux noms différents et que les personnes peuvent dire la même chose de différentes manières. Dans les tâches de prise de perspective, les enfants doivent être capables d'anticiper à quoi ressemblerait une représentation visuelle complexe d'un point de vue différent : comment la poupée apparaît-elle à tes yeux si tu te places de l'autre côté et la regardes de là-bas ? Certains travaux de recherche ont montré que les enfants bilingues sont plus doués dans ces tâches que leurs pairs monolingues.[97] En élargissant cette idée au langage, Hsin et Snow[98] ont comparé la qualité des compositions écrites d'enfants monolingues et bilingues de la quatrième à la sixième année. En général, les enfants bilingues ont plus de difficultés avec les tâches d'écriture que les tâches orales, probablement en raison du besoin accru de vocabulaire. Cependant, dans cette étude, les enfants bilingues ont produit des essais de meilleure qualité que les monolingues en termes d'incorporation d'une perspective différente sur une question.

Si les processus cognitifs utilisés par les enfants monolingues et bilingues pour l'apprentissage de la lecture diffèrent, est-ce que ces différences se reflètent dans le cerveau ? En d'autres termes, est-ce que les réseaux cérébraux sont sollicités différemment selon la langue maternelle, et est-ce que les exigences particulières de chaque langue modifient ces réseaux ? Le chapitre 6 abordera certaines recherches menées sur cette question.

Apprendre à lire

L'apprentissage de la lecture dépend de plusieurs facteurs fondamentaux tels que la maîtrise de la langue orale, la conscience métalinguistique et les processus cognitifs impliqués dans les tâches complexes. Cependant, il n'y a pas de formule simple pour prédire comment les enfants bilingues acquièrent l'alphabétisation, car tous ces ingrédients doivent être pris en compte. Il est important de noter qu'en plus des différences de développement fondamental, il existe également une variété de situations dans lesquelles les enfants bilingues apprennent à lire. Ils peuvent apprendre à lire dans une seule langue ou dans les deux langues, et les langues qu'ils parlent peuvent partager ou non des propriétés formelles en ce qui concerne la façon dont elles sont écrites. Cette variabilité peut avoir un impact sur la manière dont les enfants bilingues acquièrent la littératie. En effet, l'acquisition de la littératie chez les enfants bilingues peut être influencée de différentes manières en fonction de leur niveau de maîtrise de la langue et du vocabulaire dans chaque langue. Cependant, une meilleure conscience métalinguistique pourrait faciliter l'acquisition de la littératie, car elle peut refléter une meilleure maîtrise des processus cognitifs sous-jacents requis pour ces tâches. Ainsi, bien que les défis puissent être différents pour les enfants bilingues apprenant à lire dans une ou deux langues, une meilleure capacité de conscience métalinguistique pourrait aider à surmonter certains obstacles et favoriser leur succès dans l'acquisition de la littératie.

Trois points sont clairs. Tout d'abord, il n'y a aucune preuve que le bilinguisme en lui-même soit un obstacle à l'acquisition de l'alphabétisation dans l'une ou l'autre des langues de l'enfant, bien qu'il puisse y avoir une certaine différence au moment où la maîtrise de la lecture est atteinte. Deuxièmement, il est important d'attirer l'attention des enfants sur les unités métalinguistiques qui constituent la base du système d'écriture afin de leur fournir les outils nécessaires pour aborder le texte écrit. Dans les langues alphabétiques, ces unités sont les phonèmes, et les enfants qui sont encouragés à examiner les sons de la langue en jouant à des jeux de mots apprennent ces concepts plus rapidement que ceux qui ne le font pas. Les discussions sur les rimes et les allitérations renforcent le sens de la structure phonémique de la langue chez les enfants. Pour les langues à caractères, l'approche est moins évidente car chaque caractère véhicule à la fois des informations phonologiques et sémantiques. Cependant, la familiarisation avec les formes visuelles avant l'apprentissage de leur signification peut être une base utile pour l'apprentissage de la lecture dans ces langues.

Enfin, la manière la plus efficace d'apprendre à lire est la lecture elle-même. L'expérience de la lecture d'histoires renforce tous les aspects des compétences linguistiques et cognitives nécessaires pour l'alphabétisation. Grâce aux histoires, les enfants apprennent un nouveau vocabulaire et une nouvelle structure grammaticale tout en cherchant à comprendre le sens de ce qu'ils lisent. C'est l'objectif ultime de l'alphabétisation. En conclusion, pour répondre à la suggestion simple faite au début de ce chapitre, il suffit de lire !

Points à retenir

- L'apprentissage de la lecture nécessite un vocabulaire adéquat, mais bien que les enfants bilingues aient généralement un vocabulaire plus restreint que les enfants monolingues, cela ne représente pas nécessairement un obstacle supplémentaire pour l'apprentissage de la lecture.
- Les progrès des enfants bilingues dans l'apprentissage de la lecture dans leurs deux langues dépendent de la relation entre les systèmes d'écriture des langues.
- Les enfants bilingues peuvent avoir un avantage dans l'apprentissage de la lecture en raison d'un développement plus avancé de certaines capacités cognitives nécessaires à l'alphabétisation.

Chapitre 5
Les enfants bilingues sont-ils plus intelligents ?

Est-ce que les enfants bilingues ont des capacités cognitives différentes de celles des enfants monolingues ? Si oui, est-ce que ces différences sont bénéfiques pour les enfants bilingues et les rendent plus intelligents ? Ou est-ce que cela peut les rendre confus et leur nuire ? Ces questions suscitent la nécessité d'obtenir des réponses claires pour les parents : le bilinguisme est-il bon ou mauvais pour leurs enfants ? Entre 1920 et 1960, de nombreuses études ont abordé cette question et ont conclu que le bilinguisme était « mauvais ».

Mais pourquoi le plurilinguisme devrait-il modifier les capacités cognitives des enfants dans un sens ou dans l'autre ? La question de savoir si le bilinguisme a un impact sur les capacités cognitives des enfants repose sur plusieurs hypothèses. Cette question est liée à une controverse plus large sur la relation entre le langage et la pensée, qui est débattue depuis longtemps dans les milieux universitaires. Selon de nombreux théoriciens, le langage et la pensée sont deux domaines distincts, qui ont chacun leur propre trajectoire de développement. Pour que le bilinguisme puisse influencer les résultats intellectuels, il faut que les deux domaines puissent interagir et s'influencer mutuellement. Cependant, cette condition préalable n'est pas toujours remplie.

Jusqu'aux années 1960, la psychologie en Amérique du Nord était largement influencée par la théorie du behaviorisme du psychologue américain B.F. Skinner. Cette approche ne considérait pas l'existence de l'« esprit », car elle reposait sur la conviction que nous ne pouvions être certains que de ce que nous pouvions observer, et que les notions de « pensées » ou « d'esprits » n'étaient donc pas des objets d'étude acceptables pour la psychologie. Pour être reconnue comme une « science », la psychologie se devait de se limiter aux « faits » observables. Cette approche était différente en Europe. Aux États-Unis, la psychologie était principalement axée sur l'étude des comportements observables. Selon le behaviorisme, toutes les actions, y compris les connaissances, étaient façonnées par des programmes de renforcement externes qui augmentaient ou diminuaient la probabilité de la répétition de l'action. Si un comportement, tel que la prononciation d'un mot, est suivi d'une réaction positive, comme un sourire enthousiaste de la part de la mère, il est plus susceptible d'être répété. Cette stratégie de renforcement positif est utilisée pour encourager les enfants à adopter de bons comportements et à les répéter.

Favoriser la répétition d'une action ne signifie pas nécessairement qu'on a une représentation mentale de cette action, ou qu'on « sait » quelque chose à son sujet. En conséquence, selon la théorie behavioriste, il n'existait rien dans l'esprit qui corresponde à ce que nous appelons communément la pensée, seulement des actions qui étaient renforcées par la répétition. Et en l'absence de représentations de la connaissance dans l'esprit, il était impossible d'envisager leur interaction possible avec les expériences linguistiques. La situation a été transformée avec l'arrivée de la « révolution cognitive » à la fin des années 1950, qui a changé la façon dont les psychologues envisageaient l'esprit. Cette nouvelle approche a pris en compte toutes les facettes de l'esprit, y compris les souvenirs, les croyances, les désirs, ainsi que les processus permettant d'accéder et de manipuler ces éléments tels que l'attention, le déplacement et le contrôle.[99] Cependant, il a fallu environ deux décennies pour que cette nouvelle vision cognitive devienne le paradigme prédominant en psychologie et détourne l'attention des associations stimulus-réponse vers le monde de la pensée, du raisonnement et de l'apprentissage. Il est important de noter que pendant la période où le bilinguisme était considéré comme nuisible aux enfants, de 1920 à 1960 environ, il n'existait pas vraiment de concept de cognition ou de capacité cognitive. Les recherches sur l'impact du bilinguisme, comme nous le verrons, utilisaient une approximation de la cognition qui présentait ses propres difficultés.

La linguistique est restée une discipline relativement isolée bien plus longtemps que d'autres domaines de la cognition humaine. Alors que le behaviorisme de Skinner dominait la psychologie, la linguistique était guidée par des théories structuralistes influencées par des théoriciens tels que le linguiste suisse Ferdinand de Saussure. Selon cette approche, les langues étaient considérées comme des systèmes formels dont les « propriétés et relations pouvaient être décrites ». Toutefois, il est crucial de souligner que le langage n'était pas considéré comme une caractéristique de l'esprit. Vers 1960, au moment où la révolution cognitive émergeait, Noam Chomsky a proposé la grammaire générative en tant que nouvelle théorie linguistique. Cette théorie postulait que la capacité linguistique existe en tant que module mental unique.[100] Selon cette théorie, les êtres humains sont dotés d'une connaissance innée de la structure linguistique, appelée grammaire universelle, et leur exposition à une communauté linguistique leur permet de transformer cette structure de base en une compétence de locuteur natif de toute langue naturelle. De ce fait, bien que le langage soit intégré dans l'esprit, il est limité à un module spécifique et a peu de possibilités de se connecter à d'autres formes de pensée.

C'est ainsi qu'au cours de la période qui a précédé 1960, l'idée prédominante était que le langage et la pensée étaient deux domaines distincts, tous deux déterminés par des facteurs externes et sans ancrage dans l'esprit. Cette vision de l'architecture cognitive ne permettait pas de comprendre comment le langage pouvait influencer la pensée. Cependant, une approche différente a été adoptée pour étudier l'impact potentiel du bilinguisme, qui a suscité un grand intérêt à l'époque. Au lieu de se concentrer directement sur la cognition, ces premières études ont utilisé un substitut observable de la cognition, à savoir l'« intelligence ». Il s'agit là d'une approche tout à fait distincte.

L'intelligence et les capacités cognitives sont souvent confondues, mais elles sont fondamentalement différentes. L'intelligence fait référence à une caractéristique de l'esprit considérée comme constante dans le temps, alors que les capacités cognitives renvoient à l'aptitude à effectuer des fonctions mentales spécifiques. Les tests d'intelligence évaluent l'efficacité ou l'acuité de l'esprit, tandis que les tests cognitifs évaluent la performance des aptitudes ou processus mentaux. En d'autres termes, l'intelligence décrit une capacité générale du système, tandis que la cognition décrit la manière dont les individus peuvent utiliser cette capacité pour atteindre des objectifs. Bien qu'étant liées, l'intelligence et la cognition diffèrent dans leur évolution : l'intelligence reste constante tout au long de la vie, tandis que les capacités cognitives évoluent avec l'expérience, l'expertise et le développement. Les deux sont influencées par une combinaison de facteurs génétiques et expérientiels. La distinction entre l'intelligence et la cognition et la façon dont nous mesurons chacune d'entre elles sont cruciales pour comprendre ce que la recherche originale signifiait pour le développement des enfants bilingues.

L'argument de l'intelligence

Pendant la première moitié du XXème siècle, un grand nombre d'études ont été menées pour comparer les performances aux tests d'intelligence des enfants monolingues et bilingues, et toutes ont conclu que les bilingues avaient des performances « inférieures ». Certaines études ont même décrit des effets négatifs tels que la « confusion mentale »[20], le « retard mental »[101] et le « handicap du langage »[102] résultant du bilinguisme. Ces résultats ont été largement diffusés et ont contribué à la formation d'attitudes négatives envers le bilinguisme, attitudes qui persistent encore aujourd'hui. Il arrive encore que des professionnels tels que des éducateurs, des cliniciens ou des médecins conseillent aux familles d'enfants ayant des difficultés scolaires ou de langage de supprimer l'une des langues parlées à la maison, une recommandation sans fondement scientifique.[79] Malgré la diffusion et l'acceptation généralisées des résultats négatifs des tests d'intelligence sur les enfants bilingues, deux révisions importantes de la recherche ont adopté une position plus modérée. Natalie Darcy, professeur d'éducation, s'est intéressée à la question du bilinguisme et de l'intelligence et a mené ses propres recherches, ainsi que deux importantes analyses de la recherche existante.[103, 104] Natalie Darcy a conclu que les enfants monolingues obtenaient de meilleurs résultats que les enfants bilingues aux tests d'intelligence verbale dans des études bien contrôlées, comme la plupart des recherches le montraient. Ces tests évaluaient des compétences telles que le vocabulaire, la mémoire des mots, la manipulation des mots et de leur signification, etc. Cependant, elle a également noté qu'il n'y avait pas de différence entre les enfants monolingues et bilingues sur les tests d'intelligence non verbale où les solutions aux problèmes ne nécessitaient pas de connaissances verbales. Malgré cela, cette conclusion modérée n'a pas été largement diffusée dans le discours public.

Pourquoi ces études ont-elles été menées ? Depuis longtemps, les scientifiques cherchaient un moyen de mesurer et de comparer l'intelligence des individus. Au XIXème siècle, diverses approches créatives ont été proposées à cet effet. Paul Broca, un neurochirurgien de renom ayant identifié une région cruciale du cerveau impliquée dans l'utilisation du langage, a ainsi pris des crânes de patients décédés dans son hôpital, qu'il a remplis de grenaille de plomb avant de peser le crâne rempli. Il argumentait que la taille d'un crâne plus grand permettait d'y insérer plus de grenaille de plomb, ce qui indiquait qu'un cerveau plus volumineux occupait cet espace. Selon lui, plus le cerveau était grand, plus l'individu était intelligent. Au même moment, Francis Galton, qui était le cousin germain de Charles Darwin, avait une approche similaire en mesurant simplement la taille de la tête d'un individu pour en déduire son niveau d'intelligence. Cependant, contrairement à Broca, Galton avait des motivations explicitement sinistres : il était un fervent partisan du mouvement eugéniste dont l'objectif était de modifier la race humaine par une sélection parentale. Il est important de noter que Darwin a fermement désavoué la science frauduleuse pratiquée par son cousin. Comme on pouvait s'y attendre, ces méthodes rudimentaires n'ont guère contribué à la recherche réelle, mais ont plutôt servi à des fins cachées. Finalement, ces études ont cessé d'être menées. Broca, par exemple, a été contraint de reconnaître à contrecœur que ses recherches avaient révélé que, dans certains cas, les cerveaux allemands étaient plus gros que les cerveaux français, que les cerveaux des criminels étaient plus gros que ceux des non-criminels et que les personnes inintelligentes avaient parfois des cerveaux plus gros que ceux des professeurs ; il a donc décidé d'abandonner ce « sujet délicat ».

L'introduction du test de Stanford-Binet en 1916, par Lewis Terman de l'université de Stanford, a marqué un tournant dans la mesure de l'intelligence. Ce test a été rapidement adopté comme un moyen moderne et hautement technologique de mesurer la capacité intellectuelle, en fournissant un chiffre simple, objectif et facile à interpréter. Les questions étaient conçues de manière à devenir de plus en plus difficiles, ce qui les rendait moins susceptibles d'être résolues correctement. En conséquence, le score d'un individu au test, appelé âge mental, était comparé au score moyen attendu pour une personne de cet âge, appelé âge chronologique, pour créer un ratio. Ce rapport était ensuite multiplié par 100 pour obtenir le quotient intellectuel (QI) de l'individu. De ce fait, toute personne dont les résultats étaient supérieurs à la moyenne pour son âge avait un QI supérieur à 100, et toute personne dont les résultats étaient inférieurs à la moyenne pour son âge avait un QI inférieur à 100. Les scores d'intelligence étaient supposés suivre une distribution normale, appelée courbe en cloche, comme le montre la figure 3. Les tests d'intelligence ont rapidement connu un grand succès et ont donné lieu à une énorme industrie, avec des tests se développant dans tous les secteurs de la société. Cependant, il est crucial de comprendre les origines sombres de ces tests, une histoire racontée avec force détails par Stephen Jay Gould dans son livre *La Mal-mesure de l'homme*.[105] Selon Gould, ces nouveaux tests d'intelligence ont joué un rôle disproportionné dans la gestion de l'immigration aux États-Unis via Ellis Island au début du XXème siècle.

Les premières recherches sur le bilinguisme ont utilisé les tests de QI pour mesurer les différences de capacité intellectuelle entre les enfants monolingues et bilingues, ce qui a abouti à des résultats négatifs pour le bilinguisme. Cependant, ces tests présentent des problèmes tels que la non-prise en compte de facteurs tels que le statut socioéconomique et la maîtrise de la langue du test, ainsi que l'absence d'attribut unique appelé « intelligence » Les performances aux tests d'intelligence peuvent être influencées par de nombreux facteurs tels que le statut socioéconomique et la maîtrise de la langue du test, mais ces facteurs ne sont souvent pas pris en compte dans les études. Par conséquent, il n'est pas surprenant que la plupart des études aient abouti à des résultats négatifs, comme mentionné précédemment. Mais comme l'a reconnu Darcy dans ses analyses, les résultats diffèrent si l'on considère les tests d'intelligence verbale et non verbale. En bref, les enfants bilingues ne sont ni plus ni moins intelligents que les enfants monolingues, mais leurs capacités linguistiques sont différentes, ce qui ne devrait surprendre personne.

En 1962, une étude marquante menée par Elizabeth Peal et Wallace Lambert[106], deux chercheurs canadiens, a apporté de nouvelles preuves dans le débat sur l'impact du bilinguisme sur l'intelligence et a eu un effet profond sur les recherches ultérieures. Contrairement aux études précédentes qui avaient prédit de meilleurs résultats pour les monolingues aux tests verbaux, leurs résultats ont montré que les enfants bilingues obtenaient de meilleurs résultats que les enfants monolingues dans tous les tests, tant verbaux que non verbaux. Ce résultat spectaculaire a conduit à une reconsidération des effets néfastes du bilinguisme et a stimulé de nouvelles recherches qui ont été différentes des études précédentes. Il convient de rappeler que l'époque était marquée par des changements dans les conceptions du langage et de la pensée. Cependant, on peut se demander pourquoi les résultats obtenus par Peal et Lambert ont été si différents des études antérieures sur le QI. Bien qu'il soit difficile de répondre avec certitude, il est intéressant de souligner que ces résultats positifs pour les mesures verbales et non verbales n'ont pas été confirmés par d'autres études ultérieures. L'étude de Peal et Lambert comparait des enfants monolingues francophones à des enfants bilingues français-anglais de Montréal, et il est possible que le contexte social de la ville en 1960 ait influencé les résultats. En effet, à cette époque, les communautés francophones et anglophones de Montréal menaient des vies séparées et le bilinguisme était peu répandu. Ces caractéristiques particulières de Montréal ont été décrites plus en détail ailleurs.[107] Cependant, à ce jour, les preuves disponibles confirment les conclusions de Darcy : il n'y a pas de différence en matière d'intelligence non verbale entre les groupes, mais les monolingues obtiennent généralement de meilleurs résultats que les bilingues aux tests verbaux.

La cognition dans l'esprit

Après la révolution cognitive, qui a déplacé les préoccupations de la psychologie des détails des programmes de renforcement vers les concepts et leurs représentations dans l'esprit, les recherches ont commencé à s'intéresser à l'impact éventuel de l'expérience sur la cognition. À partir de 1962, et surtout après 1980, les chercheurs ont commencé à utiliser les outils de la psychologie cognitive pour découvrir comment le traitement cognitif pouvait différer entre les enfants monolingues et bilingues. Un groupe de capacités appelé « fonctions exécutives » a attiré l'attention de la recherche depuis environ 2000. Ces processus cognitifs sont utilisés lorsque des problèmes requièrent de l'attention ou de la planification, tels que des tâches multiples ou des calculs mentaux. Ils permettent de choisir la bonne option parmi un ensemble de possibilités et de ne pas être distrait par des informations concurrentes ou distrayantes. Les fonctions exécutives sont également utilisées pour la planification et la régulation émotionnelle, qui sont nécessaires pour l'organisation et le fonctionnement multitâche lors de la préparation d'un dîner complexe, par exemple, ainsi que pour éviter toute discussion sur la religion ou la politique à table.

Les processus des fonctions exécutives sont gérés par des réseaux de neurones localisés dans la partie antérieure du cerveau, c'est-à-dire dans la région appelée le lobe frontal (voir chapitre 6 pour une description détaillée). Les lobes frontaux sont les derniers à se développer pendant l'enfance (leur développement n'est en fait pas complet avant la fin de l'adolescence) et les premiers à décliner avec le vieillissement normal. En conséquence, toutes les fonctions contrôlées par cette région devraient apparaître tard dans le développement et diminuer tôt dans le vieillissement, ce qui est effectivement le cas pour le fonctionnement exécutif. En réalité, lorsqu'un enfant fait une crise de colère et semble incapable de répondre à la raison, c'est en partie dû à l'immaturité des lobes frontaux qui empêchent l'enfant de contrôler son comportement, même s'il le souhaite. C'est également la raison pour laquelle le multitâche devient pratiquement impossible à un âge avancé (ne l'essayez même pas !).

Le développement des fonctions exécutives est considéré comme la plus grande réussite cognitive de l'enfance, car elles sont liées à de nombreuses mesures cognitives et ont un impact sur la réussite scolaire, professionnelle, ainsi que sur la santé et le bien-être à long terme.[108] Les fonctions exécutives ont une grande importance pour la réussite à long terme dans divers domaines de la vie. Le célèbre « test du Chamallow » en est un exemple illustratif. Dans ce test, des enfants sont mis dans une pièce avec un expérimentateur et une guimauve est placée devant eux. L'expérimentateur leur explique qu'ils peuvent manger la guimauve maintenant, ou s'ils attendent un certain temps, ils pourront en avoir deux. Résister à la tentation de manger la guimauve exige des fonctions exécutives, car cela nécessite de planifier et de contrôler son comportement en fonction d'un objectif à long terme. Dans les vidéos de ce test, on peut observer une variété de stratégies utilisées par les enfants pour résister à la tentation, telles que s'asseoir sur les mains, tourner le dos à la guimauve ou jouer avec les doigts. Une étude de suivi de 10 ans a révélé que les enfants qui avaient réussi à résister à la tentation de manger la guimauve à l'âge de 4 ans étaient plus compétents sur le plan scolaire et social, plus verbaux et plus attentifs des années plus tard. Les capacités de maîtrise de soi des enfants ont permis de prédire un large éventail de réalisations ultérieures.

Depuis que la recherche sur l'impact du bilinguisme a adopté une approche de psychologie cognitive plutôt que les tests d'intelligence, les études sur le développement des fonctions exécutives chez les enfants bilingues et monolingues ont connu une croissance rapide en nombre, en paradigmes et en groupes de sujets testés. Il est important de noter que ces études ne sont pas issues des études précédentes sur l'intelligence ou même de l'étude de Peal et Lambert, qui a montré de meilleurs résultats au QI chez les enfants bilingues, mais plutôt des études sur la conscience métalinguistique décrites au chapitre 4. Les preuves montrant que les enfants bilingues étaient plus aptes à ignorer une distraction et à répondre correctement à des phrases ambiguës, telles que « Les pommes poussent sur le nez », ne parlaient pas de leurs compétences linguistiques ou même de leur QI, mais témoignaient d'une meilleure attention, qui est l'élément clé du fonctionnement exécutif. En ce sens, la question des « pommes » était

autant un test des fonctions exécutives que de la conscience
métalinguistique.

Les études sur le développement du fonctionnement exécutif chez
les enfants bilingues ne sont pas totalement cohérentes, mais la
majorité d'entre elles ont montré que les enfants bilingues sont plus
performants que les monolingues[110] dans les tâches évaluant le
fonctionnement exécutif. Ces tâches sont généralement simples et
consistent en une action à réaliser en présence de distracteurs qui
doivent être ignorés, nécessitant une grande attention pour
sélectionner la bonne réponse. Par exemple, la tâche de flanker est
couramment utilisée pour évaluer les fonctions exécutives. Une
variante appelée le poisson flanker a été développée spécifiquement
pour les jeunes enfants. Dans la tâche de flanker standard, le
participant doit identifier la direction de la flèche centrale parmi une
série de cinq flèches, avec une touche de réponse placée de chaque
côté de l'écran. La tâche consiste à indiquer la direction dans laquelle
pointe la flèche du milieu (ou la direction dans laquelle nage le
poisson du milieu) en appuyant sur la touche de réponse appropriée
le plus rapidement possible sans faire d'erreur. Les quatre flèches
latérales peuvent être orientées dans la même direction que la flèche
centrale,

$$\leftarrow \leftarrow \leftarrow \leftarrow \leftarrow$$

en produisant un test qui est facilement cohérent, ou dans la direction
opposée,

$$\leftarrow \leftarrow \rightarrow \leftarrow \leftarrow$$

en produisant un test qui est délibérément incohérent, ce qui le rend
plus difficile. Les enfants bilingues ont tendance à mieux réussir les
essais incongrus que les monolingues, car ils sont moins distraits par
les stimuli trompeurs. En effet, lors de ces essais, 80 % des stimuli
fournissent des informations trompeuses, ce qui nécessite de rester
concentré sur la flèche centrale et d'ignorer les flèches latérales pour
répondre rapidement et avec précision.

Pourquoi est-il pertinent que les enfants bilingues répondent plus
rapidement en appuyant sur la touche indiquant la direction d'une

flèche ? Bien que l'on puisse supposer que ce n'est pas un problème courant dans la vie quotidienne et que la petite différence de temps entre les monolingues et les bilingues ne peut pas avoir de répercussions significatives sur les capacités cognitives ou sur la vie en général, cette compétence de base est en fait au cœur d'un ensemble de tâches qui reposent sur les fonctions exécutives, lesquelles sont essentielles pour le fonctionnement cognitif. Est-ce que les enfants bilingues présentent également une amélioration de leurs capacités cognitives complexes qui dépendent des fonctions exécutives, tout comme ils ont une amélioration dans les capacités de fonctions exécutives simples ?

Théorie de l'esprit

Nous partons du postulat que les autres individus possèdent un esprit qui fonctionne de manière similaire au nôtre, et que leur comportement peut être expliqué par les croyances, les désirs et les intentions qui sont représentés dans cet esprit. Lorsque j'éprouve une sensation de soif et que je me sers un verre d'eau, je suis en mesure de comprendre que si vous vous servez également un verre d'eau, vous éprouvez probablement une sensation de soif, même si je n'ai pas accès à vos pensées. Cette capacité à reconnaître que les autres personnes ont un esprit et que leur contenu peut être différent du nôtre est connue sous le nom de « théorie de l'esprit ». La théorie de l'esprit est essentielle pour comprendre le comportement des autres et pour envisager le monde sous un angle différent, en particulier lorsqu'il s'agit de quelqu'un qui possède des informations différentes des nôtres. En termes simples, la théorie de l'esprit consiste à comprendre que les comportements sont motivés par des états mentaux, lesquels peuvent varier chez chaque individu.

Le développement de la théorie de l'esprit est une étape importante de l'enfance. Les retards ou l'absence de développement typique de cette capacité sont associés à des pathologies telles que les troubles du spectre autistique, la schizophrénie et les lésions cérébrales. Avoir une théorie de l'esprit signifie être capable de comprendre les raisons pour lesquelles les autres personnes se comportent comme elles le font, ce qui est une compétence sociale importante. Cette capacité nous permet de prédire le comportement des autres, en nous basant sur des liens que nous savons être vrais. Cependant, parfois les croyances qui motivent les autres à agir s'avèrent incorrectes, ce qui donne lieu à des « fausses croyances ». Il faut une théorie de l'esprit bien développée pour comprendre les implications logiques qui découlent de l'existence d'une fausse croyance. Cette capacité est essentielle pour comprendre le comportement apparemment irrationnel des autres. C'est pourquoi la notion de fausse croyance est au centre de la théorie de l'esprit chez les enfants.

Les tâches visant à évaluer la compréhension des fausses croyances chez les enfants les amènent à prédire comment un personnage dans une histoire va réagir lorsqu'il a une connaissance incomplète des informations pertinentes. Les scénarios incluent des informations connues de certains personnages, y compris l'enfant, mais pas d'autres. Cela crée un conflit entre ce que l'enfant sait et ce que le personnage sait. Ainsi, l'enfant doit distinguer les informations auxquelles il a accès, les informations auxquelles l'autre personnage a accès, et comprendre le comportement attendu de chacun.

De manière similaire à la tâche simple dite de flanker, la tâche de fausse croyance met en évidence le conflit entre différentes informations. Dans la tâche de flanker, les enfants doivent se concentrer sur la flèche centrale tout en ignorant les flèches latérales. Pour la théorie de l'esprit, les enfants doivent reconnaître qu'il peut y avoir deux croyances distinctes qui mènent à des comportements différents. Dans les deux cas, la réponse correcte est moins évidente et nécessite une attention accrue. Comprendre comment le comportement est lié aux états mentaux, même s'ils sont erronés, est probablement plus important que de simplement déterminer la direction d'une flèche. Est-ce que la capacité des enfants bilingues à effectuer des tâches simples de la fonction exécutive, comme la tâche de flanker, peut les aider à comprendre des problèmes complexes liés aux fausses croyances ?

La tâche de Sally-Anne est souvent employée pour évaluer la compréhension des fausses croyances chez les enfants. Pendant l'expérience, les enfants voient deux récipients, une boîte et un panier, et deux poupées, Sally et Anne. Ensuite, une histoire leur est racontée en utilisant les objets, et l'expérimentateur agit la scène. Par exemple, « Sally et Anne jouent, mais Sally doit partir. Elle a du chocolat qu'elle aimerait garder pour plus tard, alors avant de partir elle le mettra dans la boîte. (La poupée Sally part.) Pendant son absence, Anne déplace le chocolat de la boîte au panier. (Anne exécute l'action.) Quand Sally reviendra, où cherchera-t-elle le chocolat ? » Le conflit réside dans le fait que l'enfant sait que le chocolat est dans le panier, mais pas Sally, et pourtant l'enfant doit répondre du point de vue de Sally. Pour répondre correctement, l'enfant doit donc ignorer ce qu'il sait être vrai et dire que Sally va regarder dans la boîte. Les enfants ayant un développement normal peuvent donner la bonne réponse dès l'âge de 4 ans.

Une autre tâche utilisée pour explorer la compréhension des fausses croyances est appelée la tâche du Contenu inattendu. Cette tâche consiste à montrer à l'enfant un emballage familier, tel que celui des bonbons Smarties, que le chercheur secoue et demande à l'enfant ce qu'il contient. L'enfant répond avec assurance : « Smarties ». Ensuite, le chercheur ouvre la boîte et montre à l'enfant qu'elle contient en fait des crayons. Une fois que l'enfant comprend que la boîte de Smarties contient des crayons, le chercheur demande à l'enfant ce que pensera un autre enfant qui n'a pas vu cette démonstration sur le contenu de la boîte. La réponse dépend de la compréhension de l'enfant que toute autre personne qui n'a pas vu le contenu de la boîte aura une fausse croyance sur son contenu. Jusqu'à ce que la théorie de l'esprit soit développée, les enfants supposent que le nouvel enfant pensera que la boîte contient des crayons.

D'après la plupart des études menées sur les tâches liées à la théorie de l'esprit, il semble que les enfants bilingues obtiennent plus de réponses correctes que les enfants monolingues du même âge. Cette tendance a été confirmée par une méta-analyse approfondie qui a montré que, dans l'ensemble, les enfants bilingues surpassent les enfants monolingues dans la réalisation de ces tâches.[111] Ainsi, même si certaines études n'ont pas mis en évidence de différences entre les enfants monolingues et bilingues dans les tâches liées à la théorie de l'esprit, l'utilisation de techniques statistiques plus puissantes, telles que la méta-analyse, permet d'obtenir une vue d'ensemble plus précise.

De la même manière que la tâche de fausse croyance est une démonstration plus convaincante et pratique de la fonction exécutive que la tâche de flanker, la capacité à prendre la perspective de l'interlocuteur dans la communication peut être une démonstration encore plus convaincante que la fausse croyance. Pour comprendre ce que le locuteur tente de communiquer, il est essentiel de comprendre l'information de son point de vue, ce qui est également un aspect important de la théorie de l'esprit. Samantha Fan et ses collègues ont mené une étude dans laquelle des enfants âgés de 4 à 6 ans ont été soumis à une tâche de communication. L'expérience a été réalisée en plaçant l'enfant et le chercheur (qui jouait le rôle du locuteur) de part et d'autre d'une grande grille composée de 16 cellules de 4 x 4, contenant des objets. Cette disposition a créé un point de vue différent pour chacun d'eux. La figure 6 illustre cette configuration. Le chercheur demandait à l'enfant de trouver un objet en particulier et l'enfant devait le sélectionner. La difficulté était que certaines cellules contenaient des objets qui étaient cachés au chercheur car le fond de la cellule les masquait. L'enfant devait comprendre que le chercheur ne pouvait pas voir ces objets et devait donc sélectionner l'objet demandé qui était également visible pour le chercheur. Par exemple, si le chercheur demandait la « petite voiture », l'enfant devait choisir la plus petite voiture que le chercheur pouvait voir, même s'il voyait une autre petite voiture cachée au chercheur. Cette situation est représentée par l'astérisque simple dans la figure 6, où l'enfant peut voir une petite voiture cachée au chercheur. Dans l'ensemble, les enfants bilingues se sont avérés plus précis que les enfants monolingues dans la sélection de l'objet en tenant compte des informations accessibles au chercheur. Il y avait également un troisième groupe d'enfants dans cette étude, ceux qui vivaient dans des foyers bilingues où ils étaient exposés à plusieurs langues mais n'avaient pas acquis une grande maîtrise de la langue, ils n'étaient donc pas strictement bilingues. Néanmoins, ces enfants ont obtenu des résultats aussi bons que les enfants bilingues. L'expérience clé dans ce cas n'est pas nécessairement la capacité à parler une autre langue, mais plutôt l'exposition à plusieurs langues qui semble stimuler le développement de ces concepts complexes en fournissant un environnement incluant la variabilité des formes expressives.

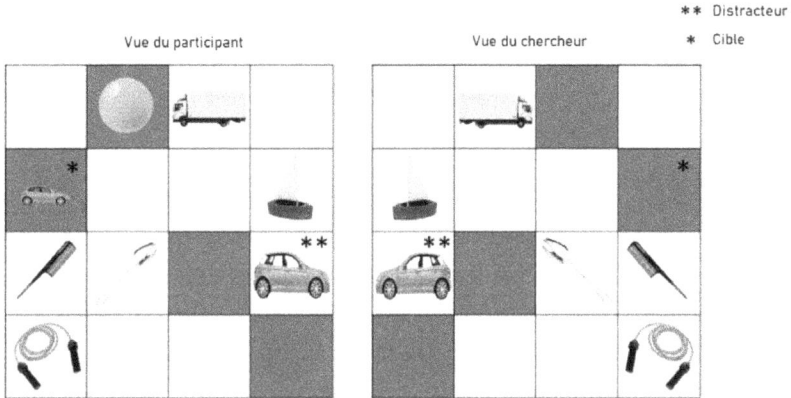

Figure 6. Grille de l'étude de Fan et ses collègues, montrant les différentes vues accessibles à l'enfant (participant) et au chercheur (responsable). La cellule marquée d'un astérisque indique une situation où les deux personnes ont des informations différentes.

La compréhension de la manière dont les croyances, les désirs et les intentions influencent le comportement, ainsi que la compréhension de la relation entre les croyances et la perspective d'un individu, représentent des étapes clés du développement de l'enfant. Cependant, pour arriver à cette compréhension et être capable de l'appliquer dans des situations réelles, il est nécessaire d'utiliser tous les éléments du fonctionnement exécutif, tels que l'attention focalisée, la sélection et le changement de point de vue. Dans la plupart des études, les enfants qui ont été exposés à plusieurs langues sont plus enclins à acquérir cette compréhension.

Le facteur du statut socioéconomique (SSE)

Les résultats initiaux de la recherche ont révélé que les enfants bilingues étaient plus performants que leurs pairs monolingues dans les tâches de la fonction exécutive. Cette découverte a été si frappante que plusieurs groupes de scientifiques ont tenté de reproduire les résultats, ce qui est une pratique courante dans le domaine de la recherche scientifique. Étant donné que certaines de ces tentatives n'ont pas montré de différences de performance entre les groupes, des spéculations ont commencé à émerger. L'une des principales explications avancées était que les différences observées ne reflétaient pas réellement l'impact du bilinguisme, mais plutôt des différences de statut socioéconomique entre les groupes linguistiques.[113] Pour que cette explication soit vérifiée, il aurait fallu que tous les enfants bilingues inclus dans ces études aient un statut socioéconomique supérieur à celui des enfants monolingues, ce qui semblait peu probable. Cependant, cette possibilité nécessitait une enquête rigoureuse pour être confirmée ou infirmée.

Il est important de noter que le statut socioéconomique exerce une influence significative sur le développement des enfants, comme cela a été observé dans le développement du langage, de la lecture et de l'écriture dans le chapitre 1. Les études comparant des enfants vivant dans des environnements de pauvreté à ceux vivant dans des environnements de classe moyenne montrent souvent de grandes différences. Il est donc essentiel de déterminer si les résultats des études sur les fonctions exécutives chez les enfants bilingues reflètent réellement l'effet du bilinguisme ou s'ils sont le résultat de différences résiduelles dues au statut socioéconomique.

Les effets potentiels du statut socioéconomique (SSE) sur les avantages attribués au bilinguisme ont été examinés à l'aide de différentes approches, et toutes ont exclu le SSE comme la principale raison des résultats. Dans certains cas, le SSE et le bilinguisme ont interagi, ce qui signifie que l'ampleur des avantages du bilinguisme dépendait du niveau de SSE de l'enfant. Ces études ont montré que les avantages du bilinguisme étaient plus importants pour les enfants ayant un faible SSE, c'est-à-dire pour les enfants dont le développement était plus affecté par leur environnement. Pour étayer cette idée, Andree Hartanto et ses collègues[114] ont réalisé une étude sur plus de 18 000 enfants de niveaux socioéconomiques variés effectuant des tâches liées aux fonctions exécutives. Ils ont présenté les résultats sous la forme d'un score unique de contrôle exécutif, appelé fonction exécutive, qui est présenté dans la figure 7. Le graphique présenté par Andree Hartanto et ses collègues dans leur étude illustre l'axe horizontal qui représente le SSE des enfants, avec les niveaux de SSE les plus élevés situés à droite, et l'axe vertical qui représente les scores obtenus pour plusieurs tâches de fonctions exécutives, les scores les plus élevés étant situés plus haut sur l'axe. Les enfants monolingues sont représentés par une ligne pleine tandis que les enfants bilingues sont représentés par une ligne brisée. Les performances sont meilleures avec un SSE plus élevé car les deux lignes augmentent en se déplaçant vers la droite. Les enfants bilingues obtiennent également de meilleures performances car la ligne brisée est toujours située plus haut que la ligne pleine. Cependant, il y a un effet d'interaction à noter : le bilinguisme a eu un impact plus important sur l'amélioration des performances des fonctions exécutives chez les enfants de faible SSE, qui étaient peut-être exposés à un risque de développement plus important en raison de leur environnement, que chez les enfants de SSE plus élevé. En cela, le bilinguisme peut compenser les difficultés de développement attribuées à des facteurs environnementaux.

Contrairement aux études portant sur l'impact du SSE et qui comparent des enfants de différentes classes socioéconomiques, la plupart des recherches sur le bilinguisme ont été menées auprès d'enfants de la classe moyenne. Cela suggère que, s'il y a une influence du SSE, elle peut être plus subtile que ce que l'on observe habituellement dans les études impliquant un plus large éventail de milieux socioéconomiques. Cependant, deux études ont tenté d'aborder cette question en divisant les échantillons de la classe moyenne en groupes supérieurs et inférieurs, même si tous les enfants étaient considérés comme faisant partie de la classe moyenne selon les critères habituels.[115,116] Les deux études ont distingué deux niveaux de SSE moyen selon le niveau d'éducation formelle des parents. Les enfants de la tranche supérieure ont obtenu de meilleurs résultats que ceux de la tranche inférieure, et les enfants bilingues ont obtenu de meilleurs résultats que les monolingues. Contrairement à l'étude de Hartanto, il n'y avait pas d'interaction entre le bilinguisme et le SSE, peut-être parce que tous les enfants appartenaient à des groupes de SSE moyen et que le bilinguisme ne compensait pas de potentiels dommages environnementaux. Ces résultats mettent en évidence l'importance d'un autre facteur environnemental, à savoir le niveau d'éducation des parents.

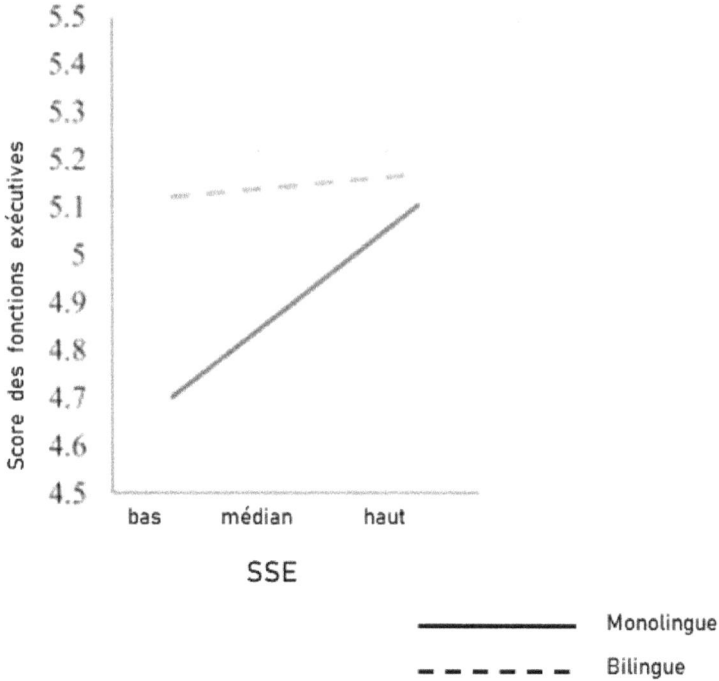

Figure 7. Performance à des tâches liées aux fonctions exécutives mesurée chez 18 200 enfants de différents niveaux de statut socioéconomique. Selon Hartanto et ses collègues[113]

Enfin, deux autres études ont examiné l'effet du bilinguisme dans des échantillons à faible SSE. Dans ces cas, le SSE n'est pas un facteur, car tous les enfants partagent la même démographie, ce qui signifie que toute différence de bilinguisme ne peut être attribuée au SSE. Dans les deux cas, les enfants bilingues ont obtenu de meilleurs résultats que les enfants monolingues dans les tâches des fonctions exécutives.[59, 117] Bien que le SSE reste un facteur important dans le développement des enfants, rien ne prouve qu'il explique les résultats démontrant un effet bénéfique du bilinguisme sur les performances des enfants.

Commencer par le début

Les enfants bilingues surpassent les enfants monolingues dans leur performance dans des tâches simples de fonctions exécutives, comme la tâche de flanker, ainsi que dans des problèmes conceptuels complexes, tels que les tâches de théorie de l'esprit. Bien que ces deux types de problèmes semblent très différents à première vue, il est possible d'imaginer des situations de la vie quotidienne dans lesquelles la capacité à adopter une perspective différente, évaluée dans les tâches de théorie de l'esprit, est essentielle, alors que la pertinence de déterminer la direction d'une flèche centrale peut sembler moins évidente. Cependant, il existe un lien important entre ces deux types de tâches. Dans les deux cas, une performance réussie exige de prêter attention aux informations pertinentes (comme la flèche centrale ou la fausse croyance) tout en ignorant les informations distrayantes (comme les flèches latérales ou la vraie croyance de l'enfant). En conséquence, les deux problèmes reposent sur la capacité à concentrer son attention sur les informations appropriées dans des conditions difficiles, un processus connu sous le nom d' « attention sélective ». L'attention est fondamentale pour la cognition et l'attention sélective fait particulièrement partie intégrante des fonctions exécutives. Contrairement à ces dernières, cependant, l'attention se développe tout au long de l'enfance, dès la naissance. C'est à ce stade de développement précoce que les recherches les plus fascinantes ont été menées.

La petite enfance est une période critique pour comprendre les éventuels effets des environnements bilingues sur le développement. Bien que cela puisse sembler surprenant étant donné que les bébés ne parlent pas encore, ils absorbent énormément d'informations sur leur environnement et les langues qu'ils entendent au cours de leur première année de vie. Cette période est également cruciale pour le développement de l'attention et la capacité des bébés à contrôler leur attention et à établir les compétences de base de l'attention sélective commence à se mettre en place.

Il pourrait sembler improbable que les environnements bilingues aient un impact sur le développement des bébés qui ne parlent pas encore, mais une importante découverte décrite au chapitre 1 rend cette hypothèse plausible : les bébés vivant dans des environnements bilingues peuvent, dès leur première année de vie, faire la distinction entre les langues qu'ils entendent, et même détecter lorsqu'un locuteur passe de l'une à l'autre en observant uniquement son visage, sans aucun son. Cette capacité à faire la distinction entre les langues est une preuve précoce de l'existence de l'attention sélective : les bébés comprennent au moins qu'il existe deux systèmes. Tout comme plus tard, l'attention doit être sélectivement dirigée vers la flèche du milieu plutôt que vers les flèches périphériques dans la tâche de flanker ou vers la vraie croyance de l'enfant et la fausse croyance du personnage dans la tâche de théorie de l'esprit, les nourrissons apprennent également à choisir entre deux langues. La petite enfance est donc une période cruciale pour comprendre les effets possibles des environnements bilingues sur le développement. Peut-on envisager que les nourrissons évoluant dans des environnements bilingues développent plus rapidement leur attention sélective en raison de leur expérience précoce avec ce type de processus au cours de leur première année de vie ?

Plusieurs études ont suggéré que les bébés vivant dans des environnements bilingues peuvent développer des compétences d'attention sélective plus rapidement que les bébés monolingues. Agnès Kovacs et Jacques Mehler ont mené une étude selon laquelle des bébés de 7 mois ont été soumis à une tâche d'apprentissage. Les bébés étaient placés dans un berceau et regardaient un écran alors qu'un oculomètre enregistrait leurs mouvements oculaires. Un indice était présenté au centre de l'écran, suivi d'une image stimulante sur l'un des côtés de l'écran. Les bébés ont rapidement appris à regarder du côté de l'image stimulante dès que l'indice apparaissait. Après une série d'essais, la règle a été modifiée pour que la récompense apparaisse du côté opposé à celui qu'ils avaient appris à regarder. Seuls les bébés issus d'environnements bilingues ont modifié leur comportement et ont regardé du nouveau côté, démontrant ainsi leur capacité à ajuster leur attention sélective. Ces résultats ont été confirmés par d'autres études.[120]

Les foyers bilingues ont un environnement linguistique plus complexe que les foyers monolingues, ce qui permet aux bébés de ces foyers de développer plus rapidement des stratégies d'attention adaptées à des environnements plus variables. De ce fait, ils sont en mesure de mieux contrôler l'attention sélective que les bébés des foyers monolingues.[121] Ces résultats sont une preuve convaincante que l'expérience précoce des bébés dans des environnements bilingues peut renforcer le contrôle de l'attention, en particulier de l'attention sélective.

Bien qu'il puisse sembler étonnant de constater des effets cognitifs du bilinguisme chez des bébés qui ne parlent pas encore, c'est précisément ce que suggèrent ces études. Les effets sont subtils, mais ces bébés montrent une meilleure capacité à contrôler leur attention dans des tâches perceptives simples, et le contrôle de l'attention est un aspect fondamental du développement cognitif. Il est important de souligner que ces avantages pour le développement du système d'attention ne nécessitent pas l'utilisation productive du langage. La simple exposition à un environnement bilingue peut conduire à l'établissement de représentations linguistiques distinctes, et la présence de représentations distinctes invite à engager une attention sélective pour naviguer dans le monde.

Le bilinguisme affecte-t-il la cognition ?

Il y a une trentaine d'années, des chercheurs ont affirmé que les enfants qui écoutaient des sonates de Mozart obtenaient de meilleurs résultats dans une série de tâches cognitives (inspirées d'éléments du test d'intelligence Stanford-Binet) que les enfants qui n'écoutaient pas de musique.[122] Cette constatation a été appelée l'effet Mozart et a été accueillie avec beaucoup d'enthousiasme, car elle semblait offrir une intervention simple pour améliorer la cognition des enfants. Elle a rapidement donné lieu à une petite industrie de produits qui prétendaient s'appuyer sur cette recherche pour stimuler l'intelligence des enfants. Toutefois, il est devenu évident que l'effet Mozart ne pouvait être reproduit de manière fiable. Est-ce que les affirmations sur les effets du bilinguisme sur la cognition sont une répétition de l'effet Mozart ?

Rappelons que les premières études sur le bilinguisme se basaient sur les tests d'intelligence, tout comme l'effet Mozart. Cependant, il est maintenant clair que l'expérience bilingue n'a pas d'effet sur les capacités intellectuelles. Les enfants bilingues ne sont ni plus ni moins intelligents que les enfants monolingues. Toutefois, des preuves montrent que l'expérience bilingue modifie certains aspects des processus cognitifs des enfants, leur permettant parfois d'accomplir certaines tâches plus efficacement que les enfants monolingues ou de les apprendre à un âge plus précoce.

Les études portant sur les effets du bilinguisme sur les capacités cognitives ou les fonctions exécutives chez les adultes ont produit des résultats plus diversifiés. Bien que dans certains cas, les bilingues ont montré de meilleures performances, dans de nombreux autres cas, aucune différence significative n'a été observée entre les groupes. [123] Certains chercheurs ont affirmé que l'argument selon lequel le bilinguisme a des effets sur la cognition n'était pas justifié en raison de la variété des résultats observés chez les adultes. Cependant, ces études n'ont peut-être pas utilisé des mesures appropriées pour évaluer les effets du bilinguisme. En effet, la rapidité avec laquelle une personne accomplit une tâche de flanker n'est peut-être pas une bonne mesure pour déterminer si le bilinguisme modifie le traitement cognitif, et cette mesure pourrait ne pas être importante non plus.

Les tâches de flanker sont considérées comme très simples pour les adultes, et leur exécution est généralement très rapide, prenant en moyenne environ une demi-seconde par essai. Ainsi, l'absence de différences entre les performances des groupes bilingues et monolingues sur ces tâches ne doit pas être interprétée de manière excessive. Par ailleurs, la définition variable du bilinguisme dans ces études a également pu contribuer aux résultats divergents obtenus.[124] En revanche, les études utilisant l'imagerie neuronale, telles que l'enregistrement de l'activité électrique du cerveau ou l'observation des modèles de flux sanguin dans différentes régions du cerveau pendant que les participants effectuent une tâche, ont révélé que, indépendamment du résultat comportemental, il existe une différence de performance entre les personnes monolingues et bilingues.[125] De ce fait, il semble que l'effet de l'expérience bilingue sur l'esprit ne se manifeste pas nécessairement au niveau des capacités intellectuelles, mais plutôt au niveau du développement, de l'organisation et de l'efficacité des systèmes d'attention, en particulier de l'attention sélective. Les bébés exposés à des environnements bilingues montrent une apparition précoce de l'attention sélective, tandis que les enfants bilingues deviennent plus habiles dans les tâches de théorie de l'esprit impliquant la prise en compte des croyances d'autrui. Les enfants bilingues obtiennent également souvent de meilleurs résultats dans les tâches de fonctions exécutives, mais ces tâches peuvent être trop simples pour révéler des différences de groupe chez les adultes.

En résumé, les études suggèrent que l'expérience bilingue modifie la manière dont les bilingues allouent leur attention, ce qui les rend plus efficaces que les monolingues dans ce domaine. Cette efficacité est probablement due à la pratique de l'attention sélective dans un environnement complexe où l'attention doit être divisée entre deux langues. Bien que cela puisse parfois se traduire par de meilleures performances dans certaines tâches, certaines études ne montrent aucune différence significative entre les groupes. La capacité à utiliser l'attention de manière efficace est cruciale pour avoir des ressources en réserve lorsque les problèmes deviennent plus difficiles. Par conséquent, bien que les monolingues et les bilingues obtiennent souvent des résultats similaires sur des problèmes simples, les monolingues commencent à éprouver des difficultés lorsque les exigences d'attention augmentent, tandis que les bilingues maintiennent leur niveau de performance. Cependant, le véritable avantage de ces processus d'attention affûtés apparaît bien plus tard dans la vie, un point qui sera exploré dans le chapitre 7.

Points à retenir

- Les premières études sur le bilinguisme et l'intelligence chez les enfants ont initialement suggéré des performances inférieures chez les enfants bilingues, mais ces résultats ont finalement été considérés comme trompeurs.
- Le fonctionnement exécutif, qui est crucial pour le développement cognitif, est souvent mieux maîtrisé par les enfants bilingues que par les enfants monolingues.
- Cette différence peut être attribuée au développement plus avancé de l'attention sélective chez les bébés dans des environnements bilingues au cours de leur première année de vie.

Chapitre 6
À l'intérieur
du cerveau bilingue

Les enfants bilingues présentent des différences, dans le développement de certains aspects du langage et des capacités cognitives, par rapport aux enfants monolingues. Selon certaines études, ces différences peuvent être plus favorables chez les enfants bilingues, comme dans le développement des fonctions exécutives (chapitre 5), ou plus retardées, comme dans le développement du vocabulaire dans chaque langue (chapitre 3). Étant donné que le développement de tous les enfants est influencé par le cerveau, il est légitime de se demander si les différences dans le développement du langage et de la cognition chez les enfants bilingues sont liées à des différences structurelles dans leur cerveau par rapport aux enfants monolingues. Quels sont les résultats observés lorsque l'on étudie de manière approfondie le fonctionnement cérébral des enfants bilingues et monolingues ?

Commençons par quelques notions de base sur le cerveau. Le cerveau humain est constitué d'environ 85 milliards de cellules nerveuses appelées neurones (bien que les estimations précédentes étaient de 100 milliards, elles ont été réduites récemment grâce à des techniques d'imagerie améliorées). Les neurones forment la *matière grise du cerveau* et communiquent entre eux ainsi qu'avec d'autres cellules du corps en envoyant des signaux électriques à travers les *synapses*, de minuscules espaces entre les *neurones*. Au cours du développement, une couche de tissu adipeux appelée *myéline* se forme sur les neurones, créant un revêtement qui les protège et constitue la *substance blanche* du cerveau. Cette couche de myéline améliore la vitesse et l'efficacité des signaux neuronaux, leur permettant de se déplacer plus rapidement et avec plus de précision. C'est comme recouvrir un fil électrique de caoutchouc pour le rendre plus sûr et empêcher le signal de s'échapper. Il faut plusieurs années pour que la myéline se développe complètement, et les zones du cerveau qui ont été myélinisées fonctionnent mieux que celles qui ne l'ont pas été. Les trois composants essentiels d'un cerveau fonctionnel sont donc la matière grise, la matière blanche et les synapses, et plus il y en a, mieux c'est.

Il est important de comprendre que le cerveau est divisé en quatre sections ou lobes, chacun étant principalement spécialisé dans une fonction différente, bien que l'ensemble du cerveau soit impliqué dans la plupart des activités que nous faisons. Contrairement à la croyance populaire selon laquelle nous n'utilisons que 10 % (ou une partie quelconque) de notre cerveau, cette idée est en fait fausse. Le développement du cerveau implique la croissance de la matière blanche et l'augmentation du nombre (et de la spécialisation) des connexions synaptiques, qui contribuent à la matière grise. Cette croissance se produit généralement de l'arrière du cerveau vers l'avant, avec le lobe frontal étant le dernier à arriver à maturité. Ce processus prend beaucoup de temps, la myélinisation du lobe frontal étant complète vers l'âge de 20 ans. Par conséquent, la plupart des processus cognitifs impliqués dans le traitement bilingue, y compris les fonctions exécutives qui distinguent le mieux la cognition bilingue de celle des personnes monolingues, sont situés dans le lobe frontal. Pour avoir une représentation visuelle de ces régions du cerveau, consultez la figure 8.

Les experts en neurosciences font une distinction générale entre la structure et la fonction du cerveau. La structure se réfère à l'état physique de l'organe, mesuré en termes de densité ou de volume de matière grise et blanche. En revanche, la fonction décrit les schémas de connexion entre les neurones et les régions du cerveau qui sont activés lorsqu'une tâche est effectuée. En d'autres termes, la fonction cérébrale se réfère à l'activité neuronale et aux régions du cerveau qui sont impliquées lors d'une activité spécifique. Ces schémas fonctionnels sont remarquablement similaires d'une personne à l'autre, ce qui nous permet de prédire quelles régions du cerveau seront activées lors de tâches spécifiques telles que la mémorisation ou la résolution de problèmes spatiaux. Toutefois, les schémas de connexion sont également modifiés par des expériences spécifiques, de sorte que les régions qui sont habituellement utilisées pour une tâche peuvent être « reprogrammées » pour effectuer une autre tâche. Par exemple, le cortex occipital situé à l'arrière du cerveau traite habituellement les informations visuelles (voir figure 8), mais chez les personnes aveugles de naissance, ces régions sont utilisées pour le son et le toucher.[126] Le cerveau humain est donc extrêmement adaptable.

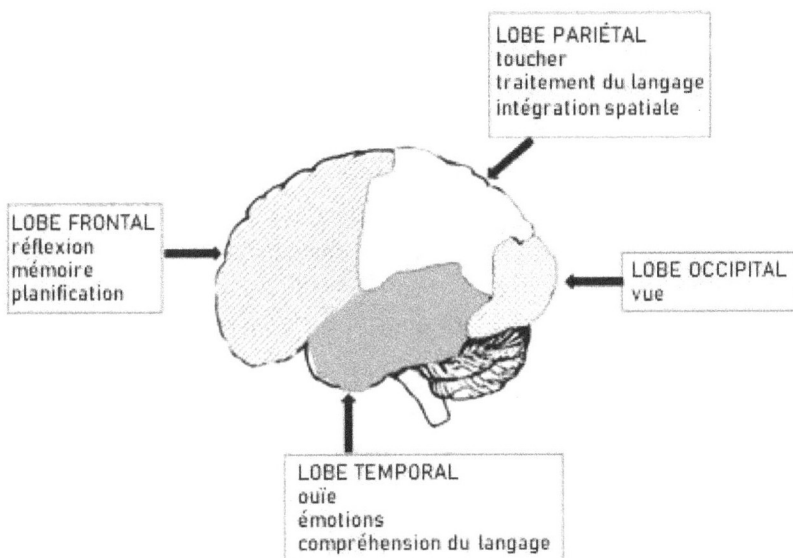

Figure 8. Le cerveau humain indique quatre lobes primaires et plusieurs fonctions majeures pour chacun d'eux.

Cela nous ramène à la question du bilinguisme. En effet, l'apprentissage d'une nouvelle compétence a le potentiel de modifier la structure du cerveau. Par exemple, l'apprentissage de la jonglerie a été associé à des changements mesurables dans les structures de matière grise et blanche du cerveau, en particulier dans les régions spécialisées dans le contrôle moteur et la perception spatiale.[127] De même, il semble que le bilinguisme puisse entraîner des changements similaires dans la structure cérébrale.

Lors de la première grande étude comparative visant à évaluer les différences structurelles du cerveau chez des personnes ayant des expériences linguistiques différentes, les chercheurs ont observé que le volume de matière grise dans des régions spécifiques du cerveau était plus important chez les bilingues que chez les monolingues comparables, notamment dans les zones impliquées dans le traitement du langage.[127] De plus, les résultats ont montré que le degré d'augmentation de ce volume chez les bilingues était étroitement lié à leur niveau d'expérience bilingue ; plus l'expérience bilingue était importante, plus les changements de volume cérébral étaient significatifs.

Il a également été observé que l'expérience du bilinguisme entraîne des changements fonctionnels dans le cerveau.[129] De manière cohérente, diverses régions du cerveau, en particulier celles situées à l'avant et à l'arrière du cerveau, sont utilisées différemment chez les personnes monolingues et bilingues, comme nous le verrons dans la suite. De plus, tout comme les changements structurels mentionnés précédemment, les modifications fonctionnelles observées chez les adultes bilingues sont également associées au niveau d'expérience bilingue : une plus grande expérience est associée à des changements fonctionnels plus importants.[130] Cela n'est pas surprenant, car plus nous nous engageons dans une activité, plus nous pouvons nous attendre à ce qu'elle modifie les structures sous-jacentes du cerveau.

Les différences de structure et de fonction cérébrales, observées chez les bilingues, sont des *adaptations* qui découlent de leur expérience continue à gérer deux systèmes linguistiques. En ce qui concerne les mesures structurelles, il est généralement admis qu'un volume cérébral plus important est préférable à un volume moins important, ce qui rend les différences faciles à interpréter. En revanche, pour les mesures fonctionnelles, il n'y a pas de jugement de valeur simple qui puisse indiquer quelle configuration est meilleure que l'autre. Cependant, des études qui ont établi un lien entre ces configurations fonctionnelles et les résultats comportementaux peuvent identifier les configurations associées à de meilleures performances. La plupart de ces recherches ont été menées sur des adultes, et nous en savons actuellement moins sur le rôle de l'expérience bilingue dans le développement du cerveau chez les enfants.

Développer un cerveau bilingue

Le développement du cerveau vise principalement à augmenter le volume de la matière grise en proliférant les connexions synaptiques entre les neurones (le nombre réel de neurones ne change pas) et à augmenter le volume et la connectivité de la matière blanche grâce à l'accumulation de myéline. Ces deux évolutions structurelles conduisent à un cerveau plus mature et plus performant. De telles adaptations peuvent être étudiées pour de nombreuses expériences, mais ce qui est unique dans l'expérience linguistique, c'est que l'apprentissage d'une deuxième langue peut se produire à tout moment. Cela signifie qu'il est possible d'observer les différences potentielles que l'expérience bilingue peut avoir sur la structure et le fonctionnement du cerveau en fonction de l'âge auquel l'enfant a été exposé au bilinguisme. L'argument selon lequel l'âge d'exposition est lié à l'ampleur des modifications de la structure cérébrale est en partie à l'origine de l'hypothèse de la période critique que nous avons vue dans le chapitre 2. Bien que cet argument repose davantage sur la fonction cérébrale que sur la structure cérébrale, la formulation initiale de l'argument mettait l'accent sur la structure cérébrale et affirmait que l'apprentissage d'une langue étrangère après la puberté n'était jamais totalement réussi car le cerveau devenait moins adaptable. Cependant, nous savons maintenant que le cerveau reste adaptable tout au long de la vie.

Comme nous l'avons vu dans le chapitre 5, l'utilisation de la taille du cerveau au XIXème siècle pour mesurer l'intelligence de différents groupes était une pratique sombre et malavisée. Cela était en partie dû aux motivations néfastes de ceux qui ont mené ces études, mais surtout parce qu'il n'y a pas de relation systématique entre la taille du cerveau et l'intelligence chez les humains adultes. Cependant, cette absence de relation ne s'applique pas aux enfants dont le cerveau est en cours de développement. Il est donc extrêmement préoccupant que le volume cérébral d'un enfant puisse être réduit en raison de circonstances liées à son développement, car les implications de cette diminution de volume se reflètent dans tous les aspects de son comportement.

Il y a plusieurs conditions biologiques qui peuvent retarder le développement du cerveau chez les enfants, telles que des troubles génétiques comme le syndrome de Down et la phénylcétonurie. Ces maladies sont graves et peuvent être attribuées à des mutations génétiques spécifiques. Cependant, il y a peu d'interventions efficaces pour les traiter. En revanche, certaines conditions environnementales peuvent également retarder le développement cérébral chez l'enfant, et contrairement aux mutations génétiques, l'environnement peut être modifié pour améliorer la situation. Comme nous l'avons vu dans le chapitre 5 concernant le développement cognitif, le facteur environnemental le plus important qui influe sur la structure cérébrale chez les enfants est le statut socioéconomique (SSE). L'impact d'une structure cérébrale qui ne se développe pas normalement peut affecter tous les aspects de la vie des enfants, y compris leur bien-être affectif, leur développement cognitif, leur réussite scolaire et leur interaction sociale. De nombreuses recherches ont mis en évidence une corrélation entre le statut socioéconomique et le volume cérébral.[131] Nous avons déjà constaté que le bilinguisme peut agir en interaction avec le SSE pour atténuer les effets les plus graves d'un faible SSE sur les performances cognitives. Cependant, peut-il également avoir des effets similaires sur le développement du volume cérébral ?

Des preuves suggèrent qu'une étude à grande échelle portant sur environ 600 enfants a montré que le volume de matière grise, indiqué par la surface corticale, diffère chez des enfants monolingues et bilingues.[132] Les enfants couvraient un large éventail d'âges, de 3 à 20 ans, et vivaient dans différents environnements de statut socioéconomique (SSE), comme l'indiquaient l'éducation et le revenu des parents. L'étude a cherché à savoir si un SSE élevé ou faible était associé à des volumes cérébraux différents, si l'expérience linguistique monolingue ou bilingue était associée à des volumes cérébraux différents, et s'il existait une interaction entre ces facteurs. Les résultats ont montré une réponse positive à ces trois questions et étaient similaires à ceux trouvés dans l'étude à grande échelle des fonctions exécutives menée par Hartanto et ses collègues, telle que décrite dans le chapitre 5. Les résultats de l'étude sur la structure cérébrale ont montré qu'il n'y avait pas de différence de volume cortical entre les enfants monolingues et bilingues dans le groupe de statut socioéconomique supérieur, mais qu'il y avait des différences substantielles entre les groupes linguistiques pour les enfants dans le groupe de statut socioéconomique inférieur. Plus précisément, les enfants bilingues dans des environnements de faible SSE où le développement du cerveau était menacé par ces circonstances sociales ont montré un volume cérébral considérablement plus développé que leurs homologues monolingues. Les résultats sont présentés dans la figure 9. Comme pour les résultats des tâches cognitives, les avantages du bilinguisme sont plus importants pour ceux qui ont le plus besoin d'une stimulation supplémentaire. De ce fait, le bilinguisme a pu atténuer certains des effets néfastes du statut socioéconomique faible sur le développement cérébral.

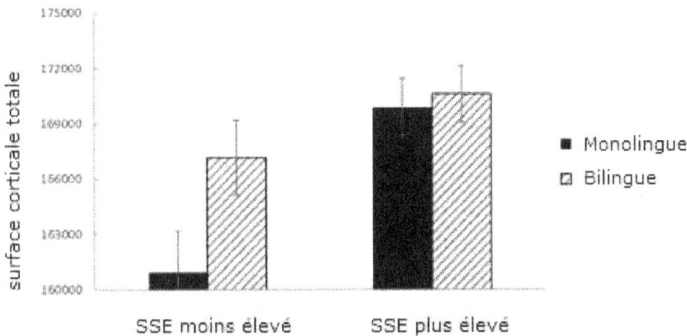

Figure 9. Différences de surface corticale entre les enfants monolingues et bilingues âgés de 3 à 20 ans issus de groupes de statut socioéconomique élevé et faible. Adapté de Brito & Noble.[131]

Une autre approche pour étudier les effets du bilinguisme sur la structure cérébrale des enfants consiste à mesurer le volume de matière grise chez les adultes bilingues et à extrapoler ces résultats. Dans l'une de ces études, des adultes bilingues, tous maîtrisant également les deux langues, mais ayant acquis le bilinguisme à des âges différents, ont été évalués. Les individus ayant été bilingues dès la naissance présentaient un volume de matière grise plus important dans plusieurs zones cérébrales pertinentes que ceux devenus bilingues plus tard dans leur vie.[133] Bien qu'il n'y ait pas eu de monolingues dans cette étude, les résultats appuient l'idée que ces zones de matière grise améliorées étaient liées à l'étendue de l'expérience bilingue dès l'enfance.

Il est important de prendre en compte le volume de la matière blanche et sa connectivité pour comprendre le développement du cerveau. La matière blanche assure la communication efficace entre les différentes zones du cerveau en protégeant l'axone le long duquel le signal électrique est transmis. Dans une étude portant sur des enfants âgés de 8 à 11 ans, les chercheurs ont comparé la structure de la matière blanche chez des enfants monolingues et bilingues, et ont constaté que la structure de la matière blanche était nettement meilleure chez les enfants bilingues.[134] Cette différence s'est maintenue au fil du temps, lors d'un suivi longitudinal des enfants,[135] et cela est dû au fait que la matière blanche continue à se développer jusqu'à l'âge de 20 ans environ. De ce fait, les enfants bilingues présentent une accumulation de matière blanche plus avancée pendant une grande partie de leur développement.

Ces recherches concordantes indiquent que le développement de la structure cérébrale est meilleur chez les enfants bilingues que chez les monolingues, avec des écarts plus prononcés chez les enfants issus de milieux socioéconomiques défavorisés. Ces conclusions ont été corroborées dans une étude à grande échelle menée par Christos Pliatsikas et ses collaborateurs,[136] portant sur près de 700 enfants, où le développement de la matière grise et de la matière blanche était plus solide chez les enfants bilingues que chez les monolingues. Contrairement à la fonction cérébrale, où aucun système d'organisation n'est considéré supérieur à l'autre, dans le cas de la structure cérébrale, la règle générale est que plus c'est mieux.

Organiser le cerveau pour qu'il fonctionne

Il existe une « organisation fonctionnelle » dans notre cerveau qui sous-tend toutes les activités que nous effectuons, reflétant la manière dont nous utilisons notre cerveau pour atteindre nos objectifs. Bien que des modèles fonctionnels standard existent pour des activités spécifiques, il existe également des variations dans ces modèles. La question la plus simple à se poser est donc la suivante : Les enfants monolingues et bilingues utilisent-ils des réseaux cérébraux différents lorsqu'ils utilisent le langage ? Cette question est simple à aborder car les techniques modernes de neuro-imagerie, telles que l'imagerie par résonance magnétique fonctionnelle (IRMf), permettent de suivre en temps réel les régions du cerveau qui sont recrutées lorsque l'on effectue une tâche. Elle est également simple car elle est susceptible de révéler une différence, étant donné qu'il est possible que le traitement du langage soit traité différemment par les personnes qui parlent une ou plusieurs langues. Les différences dans le recrutement des régions du cerveau pour le traitement du langage entre les adultes monolingues et bilingues sont déjà connues. Cependant, il est plus intéressant de noter que l'âge auquel une personne devient bilingue influence la nature et l'étendue de ces différences.[137] En général, l'acquisition tardive d'une deuxième langue est associée au recrutement d'un plus grand nombre de régions cérébrales, tandis que l'acquisition précoce, comme dans le cas du bilinguisme de naissance, présente moins de différences par rapport aux modèles monolingues. On peut expliquer ce schéma en affirmant que l'adaptation est plus difficile ou plus étendue pour les langues apprises plus tard dans la vie.

En général, il est vrai que le langage est principalement traité dans l'hémisphère gauche du cerveau, plus précisément dans le gyrus frontal inférieur gauche. Cependant, il est important de noter que le traitement du langage implique l'utilisation de nombreuses régions du cerveau et que la notion populaire d'un cerveau « gauche » ou « droit » est simpliste et inexacte. Les régions inférieures gauches sont simplement les régions fonctionnelles les plus importantes pour le traitement du langage.

Pour savoir si les enfants monolingues et bilingues traitent le langage différemment, des études ont été menées en utilisant une technique d'imagerie non invasive appelée spectroscopie fonctionnelle dans le proche infrarouge (fNIRS). Les enfants des deux groupes ont été soumis à différentes tâches linguistiques, avec l'objectif de mesurer l'organisation fonctionnelle de leur cerveau et de déterminer s'ils utilisaient des réseaux cérébraux similaires ou différents. Dans une de ces études, les enfants devaient porter des jugements linguistiques sur des phrases et les résultats ont montré que les enfants bilingues utilisaient des réseaux plus étroitement regroupés et concentrés dans les réseaux linguistiques de l'hémisphère gauche que les monolingues.[138] Ce résultat est conforme à d'autres recherches montrant qu'une plus grande compétence est associée à une activation cérébrale plus ciblée ou moins étendue. En général, les jeunes adultes ont tendance à utiliser moins de régions du cerveau que les adultes plus âgés pour effectuer les mêmes tâches.[139]

Les études fNIRS ont également montré que même des compétences très spécifiques, comme la course automobile, sont exécutées avec une activation moins étendue, c'est-à-dire plus focalisée, par les pilotes de course professionnels que par les non-pilotes.[140] Dans le cas des études fNIRS sur les enfants monolingues et bilingues, bien que les deux groupes aient des compétences linguistiques similaires, les modèles d'activation fonctionnelle ont montré que les bilingues utilisaient des réseaux cérébraux plus étroitement regroupés et concentrés dans les réseaux linguistiques de l'hémisphère gauche que les monolingues. Les auteurs ont interprété cela comme montrant que les cerveaux bilingues sont plus spécialisés dans le langage, un résultat qui peut refléter des expériences linguistiques enrichies. Ce schéma d'activation plus importante dans les régions du cerveau liées au langage lors de l'exécution d'une tâche linguistique chez les bilingues que chez les monolingues a également été démontré chez les adultes.[141]

Dans cette étude, Maria Arredondo et ses collègues ont utilisé la fNIRS pour mesurer l'activation cérébrale de jeunes enfants (âgés de 7 à 13 ans) lors de la réalisation d'une tâche de fonction exécutive non verbale, la tâche de flanker décrite dans le chapitre 5.[142] Comme dans les études précédentes, les enfants bilingues ont légèrement mieux réussi la tâche que les enfants monolingues, bien que la différence ait été faible en raison de la taille réduite de l'échantillon. Les processus de la fonction exécutive sont réalisés en activant des réseaux dans le lobe frontal. Toutefois, le recrutement de ces réseaux était différent chez les enfants bilingues et les enfants monolingues :

les enfants bilingues s'appuyaient principalement sur l'activation du lobe frontal gauche, tandis que les enfants monolingues utilisaient davantage l'activation du lobe frontal droit. Par conséquent, l'expérience bilingue modifie dès l'enfance la fonctionnalité de l'hémisphère gauche, s'étendant aux lobes frontaux.

Peut-il y avoir une modification des schémas fonctionnels de la perception du langage chez les bébés exposés à des environnements bilingues ? Cette spécialisation pour le traitement du langage, dans les régions de l'hémisphère gauche, est présente dès la petite enfance, comme cela a été montré dans le chapitre 5, où les bébés élevés dans des environnements bilingues ont réagi différemment aux tâches d'attention simples, par rapport à ceux élevés dans des environnements monolingues, témoignant d'un meilleur contrôle attentionnel.

Evelyne Mercure et ses collègues[143] ont mené une étude pour déterminer comment les bébés de 4 à 8 mois réagissent au langage en mesurant les réseaux d'activation cérébrale à l'aide de la fNIRS. L'objectif était d'analyser l'impact de l'expérience linguistique sur la perception du langage chez les bébés. L'étude a inclus 60 bébés répartis en trois groupes ayant des expériences linguistiques différentes : les bébés issus d'environnements monolingues anglais, les bébés issus d'environnements bilingues comprenant l'anglais et une autre langue parlée, et les bébés issus d'environnements bilingues bimodaux comprenant l'anglais parlé et la langue des signes britannique. Dans ce dernier groupe, les bébés avaient une audition normale, mais au moins un adulte sourd était présent dans la maison, de sorte que la langue des signes était une forme primaire de communication dès leur naissance. Les bébés ont été exposés à la fois à la langue parlée et à la langue des signes, tandis que l'activité cérébrale était enregistrée. Il a été observé que la présentation de l'anglais parlé activait les hémisphères gauche et droit, y compris les régions standard du langage latéralisé à gauche, alors que la présentation de la langue des signes activait l'hémisphère droit, pour tous les groupes. Cependant, des analyses plus approfondies ont montré des degrés différents d'implication des hémisphères droit et gauche pour les trois groupes. Les bébés issus d'environnements bilingues ont présenté les plus grandes différences de séparation fonctionnelle entre les deux hémisphères, tandis que les bébés monolingues et bimodaux étaient plus semblables les uns aux autres. Les chercheurs ont conclu que l'expérience bilingue unimodale, qui consiste à entendre deux langues parlées, a un impact plus important sur la latéralisation précoce du cerveau que l'expérience bilingue bimodale. Ces petites différences posent les bases de l'évolution future du langage et indiquent que ces structures fonctionnelles de base sont façonnées par l'expérience linguistique au cours de la première année de vie.

Les résultats de cette étude peuvent sembler insignifiants à première vue, surtout pour des bébés qui ne parlent pas encore. Se demander si l'hémisphère gauche ou droit du cerveau est plus impliqué dans l'écoute du langage peut sembler sans importance, surtout si tous les bébés deviennent de bons locuteurs natifs de l'anglais. Cependant, ces petites différences pourraient indiquer quelque chose de plus important qui se passe pendant la première année de vie et qui pourrait avoir un impact sur les capacités linguistiques tout au long de la vie.

Peut-il y avoir des effets durables de l'exposition précoce à la langue d'origine pour les enfants adoptés à l'étranger ? L'adoption internationale est une pratique courante où des enfants nés dans des conditions précaires, tels que les filles en Chine dans le cadre de la politique de l'enfant unique, sont adoptés par des familles dans d'autres pays, généralement des pays occidentaux. Ces enfants sont élevés comme des membres de leur nouvelle famille et apprennent la nouvelle langue comme n'importe quel autre enfant, mais peut-il y avoir des répercussions à long terme de leur exposition précoce à leur langue d'origine ?

Des preuves suggèrent que l'exposition précoce à la langue maternelle a un impact sur l'organisation cérébrale des individus. Pour tester cette idée, des adolescents qui avaient été adoptés en Chine par des familles francophones au Canada ont été comparés à des enfants bilingues parlant à la fois le chinois et le français, ainsi qu'à des enfants francophones unilingues. Les enfants adoptés avaient en moyenne 12 mois lorsqu'ils ont été adoptés et, après leur arrivée au Canada, ils n'ont plus été exposés au chinois. Le chinois est une langue dans laquelle les tons ont une signification importante, et la capacité à distinguer les tons similaires est essentielle pour maîtriser cette langue. Les résultats de l'étude ont montré que les adolescents adoptés en Chine et les bilingues chinois-français ont traité le ton de la même manière dans l'hémisphère gauche, qui est la zone de traitement linguistique, contrairement aux monolingues français. L'exposition précoce à cette caractéristique linguistique très particulière pendant la première année de vie continue à avoir une influence sur les réseaux fonctionnels de traitement de la parole plus de dix ans après la dernière exposition à la langue.

Le cerveau dans la salle de classe

Les modifications de la structure et du fonctionnement cérébraux que nous avons mentionnées précédemment sont étroitement liées aux performances linguistiques et cognitives des enfants décrites dans les chapitres précédents. Cependant, au-delà de ces résultats, les enfants acquièrent également des compétences scolaires à l'école qui reposent sur ces fondements. Si nous partons du principe plutôt simple que la structure et le fonctionnement du cerveau sous-tendent tous les aspects du développement cognitif d'un enfant, il est possible qu'il existe des différences organisationnelles entre les enfants monolingues et bilingues lorsqu'ils sont confrontés à des tâches académiques.

Seules quelques études ont examiné la question des différences organisationnelles entre les enfants monolingues et bilingues face aux tâches académiques. Plusieurs de ces études se sont concentrées sur l'acquisition de la littératie chez les jeunes enfants ou sur la maîtrise de la lecture chez les enfants plus âgés. Bien que l'alphabétisation soit clairement une compétence linguistique qui est au cœur de la maîtrise de la langue, elle est également une compétence académique qui est généralement acquise par l'enseignement, contrairement à la maîtrise de la langue parlée qui peut être acquise par simple exposition. Les études ont montré que le recrutement neuronal des régions du cerveau ou l'organisation fonctionnelle qui sous-tend la lecture est différent chez les enfants monolingues et bilingues. Des modèles fonctionnels différents ont été démontrés pour des enfants d'âges différents,[145] ainsi que pour les locuteurs de différentes langues apprenant à lire d'autres langues.[146] Dans un exemple récent, des enfants âgés de 6 à 10 ans et apprenant à lire dans une ou deux langues ont participé à une expérience où ils ont lu des mots bilingues dans les deux langues alors que les réseaux cérébraux étaient enregistrés par fNIRS. Ces enfants appartenaient à l'un des trois groupes suivants : (a) anglophones monolingues, (b) bilingues espagnol-anglais, ou (c) bilingues français-anglais. Les langues non anglaises utilisent des relations son-symbole différentes, ce qui peut avoir un impact sur la façon dont les réseaux cérébraux sont recrutés pour la lecture. L'espagnol, par exemple, est régulier et transparent, tandis que le français est moins transparent et comprend plus de mots irréguliers, ce qui le rapproche davantage de l'anglais. Ces différences dans la prévisibilité des systèmes d'écriture ont été associées à des différences dans les réseaux cérébraux recrutés pour lire chaque langue. Les enfants bilingues qui apprennent à lire dans les deux langues doivent utiliser les deux ensembles de réseaux et développer la flexibilité nécessaire pour s'adapter à chaque langue. Bien qu'il soit impossible de déclarer qu'une configuration est « meilleure » qu'une autre, la présence de structures organisationnelles différentes souligne l'impact de l'expérience bilingue sur le développement cérébral.

Étant donné que la langue est la base de toute activité en classe, il est possible que les enfants monolingues et bilingues abordent différemment les sujets non linguistiques en utilisant des régions cérébrales différentes. Dans une étude ancienne qui a mis en garde les parents contre les dangers du bilinguisme, Macnamara[147] a rapporté que les enfants éduqués dans une seconde langue obtenaient de moins bons résultats en mathématiques que les enfants monolingues éduqués dans leur seule langue. Cependant, une analyse plus poussée de ces résultats a révélé que les moins bons résultats ne concernaient que les problèmes basés sur des mots, et non les opérations mathématiques, et que la compétence linguistique des enfants dans la langue d'enseignement était en fait assez faible. Il serait donc intéressant de trouver des preuves montrant que les enfants utilisent des réseaux cérébraux différents lors de l'apprentissage des mathématiques en raison de leurs expériences linguistiques.

Mondt et ses collègues ont mené une étude pour explorer cette possibilité en observant des enfants âgés de 8 à 11 ans résolvant des problèmes mathématiques, tandis que leur activation cérébrale était enregistrée par IRMf.[148] Tous les enfants maîtrisaient parfaitement le français et le néerlandais, mais il y avait des différences entre eux quant à la langue utilisée à l'école et à la maison. L'étude a comparé ceux qui ont effectué la tâche mathématique dans la langue de l'école à ceux qui l'ont effectuée dans leur langue maternelle. Étant donné que les mathématiques sont une activité scolaire, il est attendu qu'elles soient traitées plus efficacement lorsque le problème est présenté dans la langue de l'école. Les enfants de tous les groupes ont obtenu des scores de précision très élevés sans distinction entre ceux qui résolvaient les problèmes dans la langue de l'école et ceux qui le faisaient dans leur langue maternelle. Cependant, l'étude a révélé que les enfants des deux groupes ont activé des réseaux cérébraux similaires pour effectuer les opérations mathématiques, mais ceux qui ont reçu le problème dans la langue de l'école ont montré une activation significativement moins intense que ceux du groupe de la langue maternelle. Cette différence dans l'intensité de l'activation cérébrale est un indicateur d'efficacité : les mêmes processus peuvent être effectués avec moins d'effort pour atteindre le même niveau de précision. Ces résultats sont similaires à ceux décrits précédemment qui ont montré une activation plus focalisée, c'est-à-dire moins étendue, chez les experts que chez les non-experts.

Les caractéristiques structurelles et fonctionnelles du cerveau qui émergent dès la petite enfance ont un impact sur l'ensemble du développement. Même si ces différences ne produisent pas d'effets immédiatement perceptibles ou n'ont pas d'incidence sur les résultats obtenus, elles reflètent les ressources que les enfants acquièrent et qui les accompagneront tout au long de leur vie. Parfois, comme nous le découvrirons dans le chapitre 7, il faudra toute une vie pour en comprendre les conséquences.

Points à retenir

- L'expérience du bilinguisme peut avoir des effets positifs sur le développement cérébral, notamment en cas de statut socioéconomique faible.
- Les enfants monolingues et bilingues ont une organisation cérébrale différente pour effectuer les mêmes tâches.
- L'organisation cérébrale en termes de régions spécialisées apparaît très tôt et reflète l'exposition aux langues dans le foyer dès la petite enfance.

Chapitre 7
Les bilingues
et le vieillissement

Le vieillissement est un processus naturel qui s'accompagne inévitablement d'une diminution de nos fonctions cognitives, ce qui peut être quelque peu décourageant. Les perturbations cognitives courantes, comme l'oubli des noms ou des objets du quotidien, ne sont que les signes les plus visibles d'un système moins rapide et moins flexible qu'il ne l'était dans notre jeunesse. Cette diminution est une partie normale d'un vieillissement en bonne santé qui affecte chacun d'entre nous, même en l'absence de neuropathologie, de démence ou d'autres conditions cliniques.

Les déficits de mémoire bien connus liés au vieillissement sont associés à une diminution des fonctions exécutives. Comme décrit dans le chapitre 6, les lobes frontaux, qui abritent les fonctions exécutives, sont les premiers à perdre du volume avec l'âge. Cette diminution de la matière grise rend les tâches exécutives de plus en plus difficiles. De manière inverse au développement, le vieillissement diminue l'accès aux processus de grande valeur des fonctions exécutives qui ont été lentement développés pendant l'enfance : dernier entré, premier sorti. Si l'expérience bilingue accélère le développement de ces fonctions dans l'enfance grâce à l'expérience de l'attention sélective dans deux langues, peut-elle également ralentir leur déclin à un âge plus avancé ? Est-ce que l'expérience bilingue tout au long de la vie peut protéger les fonctions exécutives et d'autres systèmes cognitifs contre les défis du vieillissement ?

La préservation de la cognition à un âge avancé est une préoccupation majeure pour les individus, les gouvernements et les institutions sociales. C'est également un sujet d'intérêt scientifique pour de nombreux chercheurs. Cependant, les traitements médicamenteux actuellement disponibles pour lutter contre le déclin cognitif et la démence ont une efficacité limitée. Les publicités pour les suppléments en vente libre qui prétendent améliorer les capacités cognitives et la mémoire chez les personnes en bonne santé ne sont pas appuyées par des preuves scientifiques convaincantes. Jusqu'à récemment, il n'existait pas de traitement pharmacologique prometteur pour la maladie d'Alzheimer en cours d'étude.[149] Bien que l'aducanumab ait été approuvé aux États-Unis en 2021, il est sujet à controverse et n'est approuvé nulle part ailleurs qu'aux États-Unis. La meilleure alternative est d'exploiter la puissance du concept de « réserve cognitive » : l'idée que la stimulation de l'activité et de l'engagement mental permet à l'esprit de fonctionner efficacement même lorsque la neuropathologie a commencé à s'accumuler.[150]

La réserve cognitive permet d'obtenir un surplus de « carburant mental » lorsque les fonctions cognitives et cérébrales se fatiguent. Elle constitue un système de secours qui protège la cognition malgré la diminution des fonctions cérébrales, stimulant les niveaux cognitifs aussi bien chez les personnes vieillissantes normalement et sainement que chez celles confrontées à une pathologie. Parmi les expériences qui contribuent à la réserve cognitive, figurent notamment le niveau d'éducation formelle, le maintien de réseaux et d'interactions sociales actifs, ainsi que la pratique d'exercices d'aérobic. Les personnes qui s'adonnent à ces activités présentent de meilleures fonctions cognitives que celles qui ne le font pas. Par conséquent, une réserve cognitive plus importante est associée à un meilleur fonctionnement cognitif et à un déclin cognitif moins sévère. Nous avons vu précédemment que le bilinguisme est une expérience stimulante qui accélère le développement cognitif chez les enfants. Peut-il également contribuer à la réserve cognitive et ralentir le déclin cognitif à un âge avancé ?

Les arguments en faveur de la réserve cognitive

Le déclin cognitif associé au vieillissement normal est une source de frustration importante. Ces pertes se manifestent régulièrement par de simples oublis (comment s'appelait-il déjà ? Où est l'outil que j'utilise pour retourner les œufs ? Quel était ce film de guerre avec les combattants clandestins qui se retrouvaient dans un bar avec un piano, quelque chose à propos de Sam ?), ainsi que par des difficultés dans les fonctions exécutives, comme ne plus être capable de faire plusieurs choses à la fois. (En réalité, personne ne peut réellement être multitâche ; le terme est utilisé pour désigner le fait de jongler entre deux tâches simultanément et de passer rapidement de l'une à l'autre, ce qui est un exploit des fonctions exécutives). Il arrive un moment dans le vieillissement où les jeunes parlent trop vite, et où tout prend un peu plus de temps à faire. Tout au long de la vie, il existe une corrélation étroite entre l'état de la structure cérébrale et le niveau d'activités cognitives que l'on peut attendre. Cette relation est clairement perceptible dès l'enfance, car le cerveau des enfants se développe et acquiert la capacité d'assumer de nouvelles fonctions cognitives plus complexes. Et à un âge plus avancé, lorsque le cerveau subit la détérioration normale liée au vieillissement, certaines fonctions cognitives deviennent plus difficiles. Cette corrélation est parfaitement logique si l'on considère que les capacités cognitives que nous pouvons réaliser sont liées aux ressources cérébrales sur lesquelles elles reposent. Cette relation entre l'état du cerveau et le niveau cognitif reconnaît le lien profond entre notre cerveau et notre esprit, ainsi que la façon dont ils évoluent tout au long de la vie.

La réserve cognitive suggère que le niveau cognitif ne soit plus nécessairement lié à la structure du cerveau, permettant ainsi aux personnes ayant une plus grande réserve cognitive de dépasser les limites imposées par leur structure cérébrale.[151] Habituellement, pour le vieillissement typique, il est possible de prédire le niveau cognitif à partir de la structure cérébrale en raison de leur forte corrélation, comme illustré dans le panneau de gauche de la figure 10. L'axe horizontal représente l'âge, avec les âges plus élevés à droite, et l'axe vertical représente le niveau de la structure cérébrale et des performances cognitives. Comme ils sont corrélés, ils déclinent au même rythme, de sorte que le déclin des structures cérébrales entraîne celui des niveaux cognitifs. Cependant, avec la réserve cognitive, ces niveaux pour le cerveau et la cognition deviennent dissociés et il n'est plus possible de prédire l'un à partir de l'autre, comme illustré dans le panneau de droite de la figure 10. Dans ce cas, le niveau cognitif reste élevé malgré la détérioration de la structure cérébrale.

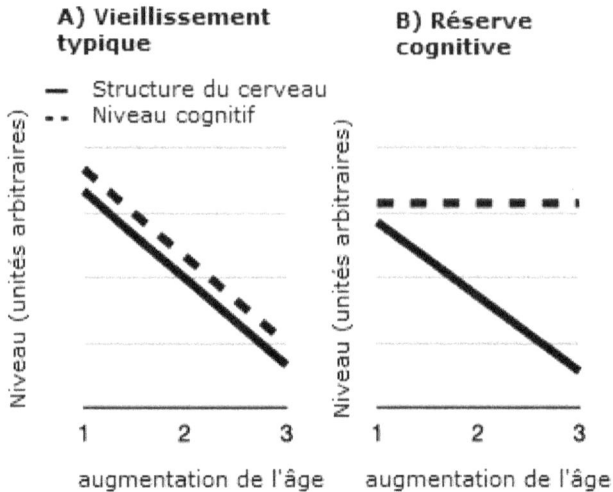

Figure 10. Relation entre le niveau cognitif et la structure du cerveau avec le vieillissement typique ou la réserve cognitive. Reproduit de [150].

La « plasticité neuronale » est le mécanisme à la base de la réserve cognitive. Cette idée repose sur le principe simple que la pratique répétée d'une activité particulière modifie la façon dont elle est exécutée. Par exemple, si nous passons beaucoup de temps à pratiquer les services au tennis, nous nous améliorons dans leur exécution et notre cerveau et nos muscles s'habituent aux mouvements complexes, ce qui permet d'exécuter un service avec moins d'effort. En d'autres termes, le cerveau change, même si l'effet de ce changement est très limité et ne concerne probablement que la pratique du tennis. Ce même mécanisme s'applique aux activités cognitives. L'expérience du bilinguisme nécessite une attention constante pour gérer les deux langues, comme expliqué au chapitre 1, et cette utilisation des réseaux d'attention les modifie, rendant une série d'activités liées à l'attention moins exigeantes en termes d'effort. Dans la mesure où ces activités cognitives nécessitant de l'attention peuvent être effectuées avec moins d'effort, il reste plus de ressources pour d'autres activités. Cela crée une « réserve » cognitive.

La réserve cognitive est définie comme la *relation* entre la structure cérébrale et le niveau cognitif, plutôt que comme la valeur absolue d'un seul de ces éléments. Par conséquent, étudier la présence d'une réserve cognitive est plus complexe que simplement enregistrer le volume cérébral ou mesurer le niveau cognitif, car cela nécessite de prendre en compte les deux composantes. Cependant, peu d'études sur le vieillissement prennent en compte cette relation. La plupart des études se concentrent sur l'aspect cognitif et comparent la manière dont les adultes âgés monolingues et bilingues réalisent les tâches de fonctions exécutives décrites précédemment. Bien que les résultats soient mitigés, la plupart des études portant sur les adultes âgés indiquent de meilleures performances du groupe bilingue dans ces tâches. Cependant, cela ne suffit pas à démontrer la caractéristique clé de la réserve cognitive, à savoir une déconnexion entre la structure cérébrale et le niveau cognitif. Ce n'est que lorsque les preuves comportementales et cérébrales sont intégrées que le tableau devient plus informatif et permet d'aborder la question de la réserve cognitive.

Les études qui associent une tâche standard de fonction exécutive, comme la tâche de flanker, à une forme de neuro-imagerie peuvent fournir des informations non seulement sur la façon dont chaque groupe a effectué la tâche, mais aussi sur la façon dont ils l'ont effectuée. En combinant ces deux types d'informations, il est possible de déterminer si la relation entre eux est similaire entre les groupes. Cette approche a permis de démontrer que, même lorsque des adultes âgés monolingues et bilingues effectuent une tâche avec le même niveau de vitesse ou de précision, ils obtiennent cette performance en utilisant des processus différents. Les enregistrements électrophysiologiques (EEG) mesurent la quantité d'activité électrique cérébrale nécessaire à l'exécution d'une fonction mentale ; l'examen de ces enregistrements permet donc de mesurer précisément l'effort. Dans ce cas, les études ont montré que les monolingues et les bilingues qui obtiennent le même résultat révèlent néanmoins que les bilingues ont besoin de moins d' « effort ».[125] De même, l'imagerie par résonance magnétique fonctionnelle (IRMf) identifie les régions ou les réseaux du cerveau utilisés pour effectuer la tâche. Ces études ont montré que les monolingues et les bilingues utilisent des régions cérébrales différentes lors de l'exécution de tâches liées aux fonctions exécutives.[152] Les mesures de l'IRMf peuvent également indiquer le *degré* d'activation nécessaire, et une activation moindre indique que la tâche a nécessité moins d'efforts, tout comme l'EEG.

Une description plus approfondie de l'expérience de vieillissement des adultes âgés monolingues et bilingues peut être obtenue en comparant la structure cérébrale entre les participants des deux groupes. Ces comparaisons sont particulièrement utiles lorsque le niveau cognitif de tous les participants est connu et contrôlé comme étant le même pour les deux groupes. Un indice important de la santé du cerveau est la densité de matière grise, c'est-à-dire le volume de neurones dans le cortex (voir chapitre 6). Bien que l'idée de comparer le volume cérébral des deux groupes soit simple, les résultats sont complexes. Plusieurs études ont effectué ces comparaisons pour des adultes âgés en bonne santé, monolingues et bilingues, qui réalisent des tâches cognitives de même niveau, mais les résultats diffèrent selon les expériences. Dans certains groupes d'étude, des adultes âgés bilingues (âgés d'environ 60 ans) ont présenté des volumes de matière grise plus importants que les monolingues.[153,154] Dans d'autres groupes d'étude, des adultes âgés bilingues et monolingues (âgés de 65 à 70 ans) ont présenté des volumes de matière grise comparables,[155,156] tandis que dans un troisième groupe, ce sont les adultes âgés monolingues qui avaient un volume de matière grise supérieur à celui des bilingues (environ 75 ans).[157]

La figure 11 illustre ces données et montre des effets croisés chez les adultes plus âgés. À 60 ans, les participants bilingues ont un volume de matière grise plus important que les monolingues, mais dans toutes les études, ce volume diminue plus rapidement que celui des monolingues, comme en témoigne une pente plus raide. Cela signifie que les bilingues ont une structure cérébrale plus faible à 75 ans. Mais comment cela est-il possible ?

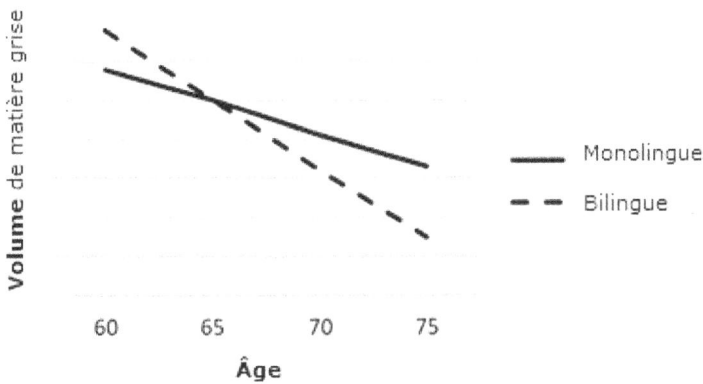

Figure 11. Changements du volume de matière grise chez les adultes âgés monolingues et bilingues au cours de l'âge, d'après les résultats de plusieurs études.

Les résultats apparemment contradictoires de ces études peuvent être compris en prenant en compte les différents groupes d'âge examinés. Tout d'abord, tous les participants étaient en bonne santé et n'avaient pas de diagnostic de déclin cognitif clinique. De plus, les niveaux de performance cognitives étaient similaires dans toutes les études. Ensuite, le volume de matière grise diminue régulièrement pour les deux groupes au cours des 15 années considérées, mais le déclin est différent pour les monolingues et les bilingues dans ces études. Dans le groupe le plus jeune, les bilingues ont un volume de matière grise plus important que les monolingues. Cependant, à mesure que les participants vieillissent, le volume cérébral plus important des bilingues dans le groupe le plus jeune diminue plus rapidement avec l'âge que celui des monolingues. Dans le groupe le plus âgé, ce sont donc les monolingues qui ont un volume cérébral plus important. Il est important de noter que ces changements sont le résultat d'un processus de transformation continu de la matière grise tout au long de la vie. Les jeunes adultes bilingues ont une matière grise plus robuste que les monolingues à partir de 25 ans environ.[158] Cependant, vers l'âge de 65 ans, les bilingues commencent à perdre du terrain par rapport aux monolingues. Bien que les niveaux soient largement équivalents pour les deux groupes linguistiques pendant une courte période, à mesure que l'âge augmente, le volume cérébral des bilingues devient inférieur à celui des monolingues.[159]

Le schéma présenté par la figure 11 est à première vue déconcertant pour le bilinguisme : cela signifie-t-il que l'expérience bilingue conduit à des cerveaux moins sains ? Le bilinguisme entraîne-t-il une atrophie cérébrale ? Pourquoi la courbe de déclin est-elle plus prononcée chez les bilingues que chez les monolingues ? Il est important de noter que tous les participants à ces études étaient au même niveau cognitif, qu'ils ont obtenu des résultats similaires à tous les tests cognitifs et expérimentaux qui leur ont été administrés, et qu'aucun d'entre eux ne souffrait de troubles cognitifs. La différence n'était donc qu'au niveau du volume cérébral. Cela implique que les bilingues ont réussi, d'une manière ou d'une autre, à maintenir des niveaux cognitifs normaux *malgré* la détérioration plus rapide de leur cerveau.

Pour vérifier cette hypothèse, nous avons mené une expérience de « transfert de cerveau » théorique. Nous avons pris un groupe de bilingues âgés en moyenne de 74 ans, qui avaient obtenu des résultats cognitifs équivalents à ceux des monolingues malgré une structure cérébrale moins bonne.[157] Nous avons ensuite comparé la structure cérébrale de ces bilingues à un nouvel ensemble de monolingues provenant d'une grande base de données internationale, sélectionnant un groupe ayant le même âge, le même sexe et le même niveau d'éducation que les bilingues. Nous avions donc deux groupes d'adultes plus âgés ayant essentiellement le même cerveau et des antécédents similaires, mais des expériences linguistiques différentes. Étant donné que le critère de participation à l'étude pour les bilingues était d'être cognitivement normal, nous savions que 100 % d'entre eux répondaient à ce critère, mais quelle était la situation pour les monolingues ayant essentiellement le « même cerveau » que les bilingues de l'étude précédente ? Dans le groupe des monolingues, 41 % des participants avaient été diagnostiqués avec une déficience cognitive clinique, soit une déficience cognitive légère, soit la maladie d'Alzheimer.[160] En conséquence, les monolingues ayant une structure cérébrale aussi pauvre que celle des bilingues ne peuvent pas être inclus dans ces études sur le vieillissement en bonne santé car leur niveau cognitif a déjà décliné. Cette observation est illustrée dans le panneau « Vieillissement typique » de la figure 10. En revanche, les personnes âgées bilingues peuvent maintenir des niveaux cognitifs normaux plus longtemps que les monolingues car même si leur cerveau se détériore, leur cognition n'est pas affectée, comme le montre le panneau « Réserve cognitive » de la figure 10. Ce schéma illustre le concept de réserve cognitive.

Quand la cognition fait défaut

On connait tous quelqu'un qui souffre ou a souffert de démence par le passé. Ce terme de « démence » est utilisé pour décrire différentes affections qui peuvent être très différentes les unes des autres. Certaines de ces affections sont liées à d'autres maladies spécifiques, telles que la démence à corps de Lewy, qui est associée à la maladie de Parkinson, ou la démence frontotemporale, qui se manifeste principalement par des difficultés de langage et des changements de comportement. Toutefois, la forme la plus répandue, la plus connue et la plus redoutée de démence est la maladie d'Alzheimer. La plupart des discussions qui suivront seront axées sur cette forme de démence en particulier.

La maladie d'Alzheimer n'a pas de cause identifiée à ce jour. Bien que l'on ait de nombreuses informations sur les effets de la maladie sur le cerveau, la cognition, la progression et les impacts sur d'autres systèmes physiques et cognitifs, les déclencheurs demeurent inconnus. La résolution de ce mystère pourrait accélérer la recherche de traitements et peut-être même d'un remède, mais pour l'instant, aucune cause unique ne peut être identifiée. Cependant, il existe des facteurs de risque connus qui augmentent la probabilité de développer cette maladie, tels que certaines variantes génétiques, le tabagisme, une alimentation inadéquate, l'hypertension et le diabète. Ces facteurs ne sont cependant pas considérés comme des causes. En revanche, il est reconnu que les facteurs de réserve cognitive, tels qu'un niveau d'éducation plus élevé, peuvent offrir une certaine protection contre la maladie d'Alzheimer. Nous avons vu que le bilinguisme semble être une source de réserve cognitive. Dans ce contexte, peut-il également offrir une protection contre la maladie d'Alzheimer ?

La première étude à explorer cette question a adopté une approche indirecte. Si le bilinguisme offre une certaine protection contre la démence, alors les personnes bilingues de longue date devraient mieux résister à la neuropathologie précoce que les monolingues. En d'autres termes, ils devraient être capables de mieux gérer les premiers stades de la maladie, sans présenter de symptômes. Comme nous l'avons vu précédemment, les personnes âgées bilingues peuvent maintenir une cognition normale malgré une détérioration de la structure cérébrale, alors que les monolingues ayant une structure cérébrale comparable ont une probabilité plus élevée de recevoir un diagnostic de démence clinique. En prolongeant cet argument, on peut supposer que les personnes bilingues seraient moins susceptibles de présenter des symptômes cognitifs révélateurs de la démence aux premiers stades, de sorte que la maladie ne serait pas détectée. Par conséquent, il y aurait probablement plus de diagnostics chez les monolingues que chez les bilingues dans les premiers stades de la maladie.

Nous avons voulu vérifier si le bilinguisme offrait une certaine protection contre la démence. Nous avons donc analysé les dossiers de patients d'une clinique de la mémoire située dans un hôpital gériatrique d'une ville diversifiée où environ la moitié de la population est bilingue, ce qui nous a permis de former des groupes de patients monolingues et bilingues similaires en termes d'éducation et d'autres mesures pertinentes. Nous avons étudié l'âge auquel les patients ont présenté les premiers symptômes de démence et ont été diagnostiqués. Nous avons constaté que les patients bilingues ont présenté leurs symptômes environ quatre ans plus tard que les patients monolingues,[161] aussi bien pour la première apparition des symptômes que pour le diagnostic clinique. Cette découverte a été confirmée dans de nombreuses cliniques dans le monde entier, grâce à des techniques de méta-analyse qui permettent de synthétiser les résultats de plusieurs études. De ce fait, il semble que les bilingues soient mieux en mesure de faire face aux premiers stades de la démence que les monolingues.[162,163]

Dans les études précédentes sur le vieillissement en bonne santé, nous avons constaté que les adultes âgés bilingues présentaient une détérioration plus importante de la structure cérébrale que les monolingues, mais une cognition similaire (voir figure 11). Cependant, ce schéma s'applique-t-il également aux patients atteints de la maladie d'Alzheimer, qu'ils soient monolingues ou bilingues ? Si c'est le cas, on pourrait s'attendre à ce que des patients apparemment au même niveau clinique de démence puissent en fait faire face à des degrés de maladie différents. Les données confirment cette hypothèse : chez les patients atteints de la maladie d'Alzheimer, monolingues et bilingues, qui présentent le même niveau clinique de la maladie, les bilingues ont une atrophie cérébrale plus importante[164] et un métabolisme du glucose moins performant,[165,166] deux marqueurs du degré de pathologie de la maladie. En d'autres termes, les bilingues ont été capables de faire face à une maladie plus avancée que les monolingues présentant des symptômes cliniques similaires. Cela suggère que la détection tardive de la maladie chez les bilingues intervient à un stade plus avancé que chez les monolingues. Cependant, tant que la maladie n'a pas été détectée, les bilingues ont pu maintenir une vie indépendante et non perturbée.

Puisque la maladie d'Alzheimer est une maladie liée au vieillissement, il est logique que le fait de retarder son apparition soit associé à une incidence plus faible, car les personnes âgées mourront d'autres causes avant que les symptômes de la maladie d'Alzheimer ne se manifestent. Cependant, ce retard est important car les années sans troubles cognitifs malgré la pathologie sous-jacente peuvent être vécues de manière indépendante avec une bonne qualité de vie. Les modèles basés sur les données d'incidence de la maladie prévoient qu'un retard d'un an dans l'apparition des symptômes réduirait la prévalence mondiale de la maladie d'Alzheimer d'environ 9 millions de cas en 2050, tandis qu'un retard de 2 ans la réduirait de 22 millions de cas.[167]

Les résultats montrant que les personnes bilingues peuvent mieux tolérer la pathologie sous-jacente de la maladie d'Alzheimer ont suscité une question intrigante : les pays ayant une population plus bilingue ont-ils une incidence moindre de la maladie d'Alzheimer que les pays plus monolingues ? Cependant, il est difficile de tester cette hypothèse avec des preuves empiriques, car les populations sont intrinsèquement diverses, ce qui rend les descriptions nationales telles que « monolingue » ou « bilingue » discutables. Les pays diffèrent également dans le degré et le type de traitement qu'ils offrent aux patients atteints de démence, ce qui reflète en grande partie les différences de richesse nationale et de systèmes de soins de santé. Enfin, l'espérance de vie diffère également d'un pays à l'autre, de sorte que les pays où l'espérance de vie est plus longue sont susceptibles d'enregistrer davantage de cas de démence, quelles que soient les habitudes linguistiques de la population, simplement parce que davantage de personnes ont vécu suffisamment longtemps pour succomber à la maladie. Tous ces facteurs exercent une influence sur la prévalence de la maladie.

Une étude a été menée pour répondre à cette question et elle a essayé de contrôler autant que possible toutes les variables complexes. Les chercheurs, Raymond Klein et ses collègues,[168] ont créé un score qui indique le nombre moyen de langues parlées par les individus dans 93 pays. Ils ont également obtenu des informations de l'Organisation mondiale de la santé sur la prévalence de la maladie d'Alzheimer dans chaque pays. Les chercheurs ont ensuite contrôlé des facteurs tels que la richesse et l'espérance de vie pour comparer l'incidence de la maladie d'Alzheimer entre les pays dont le bilinguisme de la population varie. Ils ont constaté que dans les pays où l'espérance de vie était faible, l'incidence de la maladie d'Alzheimer était également faible et n'était affectée par aucun des facteurs testés : en gros, les gens ne vivaient pas assez longtemps pour contracter la maladie. Cependant, dans les pays où l'espérance de vie est moyenne ou longue, il a été constaté une corrélation significative négative entre le bilinguisme et la prévalence de la maladie d'Alzheimer, c'est-à-dire que les pays ayant une population plus bilingue ont une prévalence de la maladie plus faible. Cette corrélation était la plus forte dans les pays ayant une longue espérance de vie, où le risque de souffrir de la maladie d'Alzheimer est le plus élevé. De ce fait, les pays à forte prévalence de la maladie d'Alzheimer avaient une espérance de vie longue et étaient largement monolingues, tandis que les pays comparables, mais plus bilingues, présentaient une prévalence nettement inférieure. Bien que cela ne soit que le résultat d'une seule étude, les possibilités qu'elle offre sont convaincantes.

Après la chute

Après l'apparition de la démence, peu de choses peuvent être faites pour arrêter ou inverser la maladie. Toutefois, tous les patients ne présentent pas un déclin identique. Les facteurs de protection pourraient-ils jouer un rôle dans la réduction de la vitesse de progression de la maladie ? Cette question est difficile à répondre. Dans certaines études où nous avons examiné des patients monolingues et bilingues atteints de la maladie d'Alzheimer, nous avons évalué leur niveau cognitif au fil du temps.[161,169] Ces analyses n'ont révélé aucune différence dans l'évolution cognitive entre les groupes monolingues et bilingues, mais les données étaient incomplètes et les évaluations n'étaient pas suffisamment contrôlées. En conséquence, la possibilité de différences dans le taux de déclin est restée sans réponse.

On a constaté que la prédiction concernant le groupe de patients qui connaîtra un déclin plus rapide était contre-intuitive. En effet, dans les études portant sur les premiers symptômes de la maladie et sur le degré de neuropathologie dans les premiers stades, les effets protecteurs du bilinguisme étaient évidents. Les patients bilingues ont été diagnostiqués plus tard que les monolingues, et au stade précoce de la maladie d'Alzheimer, les bilingues faisaient face à une pathologie plus importante que les monolingues, malgré des niveaux cognitifs similaires. Cela implique que les bilingues présentaient une pathologie plus importante pour des niveaux de déficience cliniquement observables similaires. Cependant, la logique basée sur la protection s'inverse dans les stades ultérieurs de la maladie. À un certain point, le degré plus élevé de pathologie qui s'est accumulé dans le cerveau bilingue sera impossible à surmonter, et le déclin des fonctions sera plus rapide que chez les monolingues. Après un certain stade d'accumulation de la maladie, le déclin cognitif sera donc plus grave chez les patients bilingues que chez les monolingues.

Comme pour toute recherche impliquant des patients atteints de la maladie d'Alzheimer, il est difficile de réaliser des expériences soigneusement contrôlées. Aux stades avancés de la maladie, les fluctuations de la vigilance cognitive et l'incapacité à remplir la plupart des instruments d'évaluation rendent les méthodes de recherche standard difficiles à mettre en œuvre. C'est pourquoi une approche indirecte est nécessaire. Plutôt que d'étudier directement le déclin cognitif aux stades avancés de la maladie, notre approche a consisté à évaluer un aspect du déclin aux stades précoces. L'idée était que si des différences étaient identifiées dans le taux de déclin à ce stade, cela pouvait suggérer la trajectoire à long terme des patients bilingues après le diagnostic.

Il est établi que le déficit cognitif léger (DCL) se transforme en maladie d'Alzheimer à des taux d'environ 10 % à 15 % par an.[170] Cependant, la relation entre ces deux affections n'est pas linéaire car il existe plusieurs variétés de DCL qui ne sont pas toutes des précurseurs de la maladie d'Alzheimer. Pour tester la vitesse à laquelle le DCL se transforme en maladie d'Alzheimer en fonction du niveau de réserve cognitive, une étude a suivi des patients monolingues et bilingues appariés sur des variables importantes et ayant reçu un diagnostic de DCL. Les patients ont été suivis jusqu'à ce que la définition consensuelle de l'équipe d'experts médicaux de la clinique soit passée de la DCL à la maladie d'Alzheimer. Les résultats ont montré que le passage à la maladie d'Alzheimer a été plus rapide chez les patients bilingues, car ils étaient plus âgés et présentaient une neuropathologie plus avancée lorsque les symptômes de DCL ont été détectés pour la première fois.[171]

Toutes les pathologies associées à la neuropathologie ne sont pas aussi incurables que la maladie d'Alzheimer. Un exemple est l'accident vasculaire cérébral, qui peut causer des dommages étendus aux systèmes cognitifs et linguistiques du cerveau. Des protocoles de réadaptation sont établis pour aider à restaurer un certain fonctionnement malgré les dommages permanents au cerveau. Le bilinguisme peut-il jouer un rôle dans cette récupération ? Dans un test intéressant de cette possibilité, Suvarna Alladi et ses collègues[172] ont suivi la récupération cognitive de patients monolingues et bilingues ayant subi un accident vasculaire cérébral. Tous les patients ont été inscrits à des programmes thérapeutiques intensifs pour les aider à récupérer leur fonction cognitive. Le résultat le plus spectaculaire est que deux fois plus de patients bilingues (environ 40 %) ont retrouvé des niveaux cognitifs normaux, comparables à ceux d'avant l'AVC, que de patients monolingues (environ 20 %). La réserve cognitive peut avoir renforcé leurs ressources cognitives et facilité cette récupération. D'autres études ont rapporté que les bilingues souffrent de symptômes moins sévères d'accident vasculaire cérébral,[173] de sclérose en plaques, de maladie de Parkinson et de maladie de Huntington[174] que les patients monolingues. Bien que ces nouvelles études soient préliminaires et à petite échelle, une répétition avec des échantillons plus importants est nécessaire. Cependant, elles soulèvent la possibilité stimulante que la réserve cognitive puisse avoir un impact plus large et plus profond sur la santé cognitive des personnes âgées que ce qui était pensé auparavant.

Quel niveau de bilinguisme et dans quel délai ?

Les études mentionnées jusqu'à présent ont comparé les performances dans certaines tâches cognitives ou mesures cérébrales entre des groupes d'individus ayant principalement utilisé une ou plusieurs langues tout au long de leur vie. Ces comparaisons sont approximatives et soulèvent de nombreuses questions sur le degré d'expérience bilingue nécessaire pour obtenir ces résultats. Les recherches actuelles sur le bilinguisme se concentrent sur cette question en examinant les relations détaillées entre le degré d'utilisation d'une langue bilingue par les individus, le niveau de compétence, l'âge auquel l'utilisation de la langue bilingue a commencé, les contextes dans lesquels ils utilisent les langues, etc. Tous ces facteurs influencent le type de résultats trouvés pour les mesures cognitives et cérébrales, montrant parfois qu'une plus grande expérience bilingue est associée à des résultats plus importants et parfois qu'un certain seuil d'expérience bilingue est nécessaire pour obtenir des résultats significatifs. Le bilinguisme est complexe et chaque aspect de l'expérience ajoute sa propre nuance. Un objectif important pour les recherches futures est de documenter ces aspects de l'expérience bilingue et d'identifier le rôle de chacun dans les effets complexes observés dans les comparaisons générales.

Une autre approche consiste à se demander si l'apprentissage d'une langue étrangère chez des adultes âgés monolingues peut prévenir le déclin cognitif. En d'autres termes, peut-on utiliser l'apprentissage des langues comme une intervention auprès des adultes âgés pour protéger leur fonction cognitive ? Bien que certains chercheurs aient discuté de cette idée de manière hypothétique,[175] seules quelques études ont examiné cette possibilité de manière expérimentale. Cependant, certaines preuves préliminaires suggèrent que les adultes âgés inscrits à des cours de langue peuvent améliorer certains résultats cognitifs.[176]

Nous avons récemment adopté une approche différente en recrutant des adultes âgés monolingues en bonne santé (environ 70 ans) pour une étude. Nous leur avons fait passer une série de tests de base et des tâches spécifiques pour mesurer leur fonctionnement exécutif, puis nous les avons divisés en trois groupes.[177] Le premier groupe a été invité à consacrer 30 minutes par jour pendant 16 semaines à des exercices d'entraînement cérébral sur une application pour smartphone. Le deuxième groupe a passé le même temps à utiliser une application d'apprentissage des langues pour apprendre l'espagnol. Le troisième groupe était un groupe témoin et n'a participé à aucun entraînement. Après 16 semaines, l'ensemble des tâches de fonctionnement exécutif a été réadministré. Nous nous attendions à ce que les individus du premier groupe s'améliorent lors de ce second test, car les exercices de l'application d'entraînement cérébral sont similaires aux tâches des fonctions exécutives. Effectivement, les scores aux tests à la fin de l'étude étaient plus élevés que lors de la première session. Le groupe de contrôle n'a rien fait pour modifier ses capacités dans ces tâches et, en fait, ses scores à la fin de l'étude étaient les mêmes qu'au début. Nous nous attendions à ce que le groupe espagnol s'améliore, plaçant éventuellement ses performances entre celles des deux autres groupes. Cependant, les résultats ont montré que le groupe espagnol s'est amélioré presque autant que le groupe d'entraînement cérébral sur les tests. La seule mesure pour laquelle le groupe espagnol ne s'est pas amélioré autant est la vitesse, car l'application d'entraînement cérébral exigeait des réponses plus rapides, alors que l'application espagnole n'avait pas de contraintes de temps. Ces résultats pourraient conduire à de nouveaux ajouts au répertoire des interventions visant à aider les personnes âgées à fonctionner à des niveaux cognitifs sains, à vivre de manière indépendante et à profiter de la vie.

Le bilinguisme ne constitue pas une garantie pour éviter la maladie d'Alzheimer ou pour maintenir un haut niveau de fonctionnement cognitif et de robustesse cérébrale à un âge avancé. Il n'existe pas de solution magique pour atteindre ces objectifs. Cependant, le bilinguisme est un facteur qui contribue à ces résultats et, étant donné l'absence d'alternatives pharmacologiques efficaces, cette possibilité ne doit pas être ignorée.

Points à retenir

- La réserve cognitive correspond à l'ensemble des expériences qui renforcent la capacité de résistance du cerveau et permettent aux niveaux cognitifs de dépasser le niveau prévu par l'état du cerveau.
- Le bilinguisme est un facteur contribuant à la réserve cognitive, ce qui permet aux personnes âgées bilingues de présenter des fonctions cognitives équivalentes à celles des monolingues, malgré une atrophie cérébrale plus importante chez les bilingues.
- La plus grande résilience des cerveaux bilingues s'étend également aux premiers stades de la démence, où les bilingues peuvent fonctionner à des niveaux sains malgré l'accumulation de pathologie de la démence dans le cerveau.

Chapitre 8
Pourquoi le bilinguisme ?

Les langues que nous parlons sont un élément crucial de notre identité. L'histoire a montré que les colonisateurs ont souvent imposé leur langue en remplacement des langues locales, entraînant des conséquences dramatiques. L'approche bilingue, quant à elle, vise à accumuler les langues plutôt qu'à les remplacer. Elle permet de connecter les individus à leur histoire et à leur culture, de créer une identité composite plus riche et de renforcer la communication au sein d'une population mondiale plus unie. Les conséquences d'un tel changement sont profondes.

Les défis, obstacles et opportunités du bilinguisme se manifestent clairement dans l'expérience des immigrants. Pour certains d'entre eux, les anciennes langues et modes de vie sont des éléments fondamentaux de leur existence et ne peuvent être facilement abandonnés. Nombreux sont ceux qui ont du mal à laisser derrière eux leur ancien monde et qui peuvent continuer à vivre dans les langues et les traditions qui les ont toujours définis. Cependant, étant donné qu'ils ont émigré dans un nouvel environnement, ils risquent de voir leurs enfants et petits-enfants, qui n'ont pas appris leur langue et leurs traditions d'origine, s'éloigner progressivement à mesure que le fossé culturel et linguistique se creuse. La langue (et peut-être même la nourriture !) est le lien qui maintient les générations ensemble.

Pour d'autres immigrants, leur nouvelle vie exige une nouvelle langue et de nouvelles attitudes, car pour réussir dans ce nouvel environnement, ils doivent adopter ces langues et ces traditions. En s'immergeant dans la nouvelle langue et culture, ils peuvent élever leurs enfants comme des membres de la nouvelle communauté. Cependant, doivent-ils également veiller à ce que leurs enfants parlent la langue d'origine ? La perte de la langue d'origine est plus probable pour les immigrants assimilés que pour ceux qui préservent leur culture et leurs traditions, car les premiers peuvent communiquer avec leurs enfants dans la nouvelle langue, ce qui accélère le déclin de la langue d'origine dans leur famille. La tension entre l'adaptation et l'assimilation d'une part, et la préservation et la continuité d'autre part, est un problème complexe pour les immigrants, mais la transmission de la langue d'origine est un objectif important. De plus, cette transmission pourrait être renforcée par la transmission de la nourriture traditionnelle, car il est toujours plus facile de manger que de parler et la nourriture est imprégnée de culture !

Donia Clenman était une survivante de l'Holocauste qui a immigré au Canada après la guerre. Elle a appris un anglais parfait, s'est mariée et a eu des enfants. Ses enfants sont devenus des Canadiens à part entière, dont l'anglais est la langue maternelle et qui n'ont pas le poids d'un passé européen troublé. Toutefois, l'expérience de l'immigration et de l'assimilation l'a toujours hantée, comme elle l'exprime dans son poème intitulé « Je rêve aussi en bon anglais »[178] :

> Parfois
> Il arrive que je sois un étranger pour ma propre famille
> Dans le salon éclairé
> De l'internationalisme canadien –
> Je n'étais pas enfant lorsque je suis arrivée
> Pourtant, j'ai été bien assimilée.
> Même mes vers sont indigènes
> Et je rêve aussi en bon anglais.

En d'autres termes, notre identité, l'aspect le plus fondamental de notre existence humaine, est influencée par les langues que nous parlons et celles que nous ne parlons pas. De plus, les structures et les réseaux sociologiques qui régissent nos vies sont également façonnés par les communautés linguistiques auxquelles nous appartenons. Selon une perspective socio-écologique défendue par Nairan Ramírez-Esparza et ses collègues, ces structures sociales associées au bilinguisme sont liées à la structure des mondes dans lesquels nous évoluons.[179] Leur argument est que nos communautés nous façonnent, mais sont à leur tour déterminées par les langues et les cultures avec lesquelles nous interagissons.

Jusqu'à présent, nous avons étudié les impacts du bilinguisme ou de l'apprentissage d'une deuxième langue sur les compétences linguistiques et cognitives. Cependant, les effets de la vie en plusieurs langues peuvent aller au-delà de ces aspects et toucher des aspects plus cachés et peut-être plus fondamentaux de l'identité, modifiant potentiellement la façon dont nous existons dans le monde. Bien que les recherches qui explorent ces possibilités soient principalement menées auprès d'adultes, les enfants bilingues grandissent pour devenir des adultes bilingues, ce qui rend crucial de comprendre les conclusions de ces études.

Dimensions sociologiques et politiques du bilinguisme

Les conditions politiques et sociologiques de la communauté dans laquelle nous vivons ont un impact significatif sur l'émergence et la survie d'une population bilingue. Les communautés bilingues nécessitent une volonté politique et une tolérance sociale pour exister. La mesure dans laquelle le bilinguisme est considéré comme un facteur positif ou négatif, tant pour les individus que pour la communauté, est au cœur de ces forces. Les politiques linguistiques jouent un rôle crucial dans la formation de ces attitudes.

Le nombre de langues officielles reconnues par un pays est un indicateur de sa politique linguistique et de sa tolérance envers le bilinguisme. Le statut de langue officielle désigne les langues utilisées dans les fonctions gouvernementales, comme l'éducation, les soins de santé, les documents officiels, etc. Le nombre de langues officielles varie selon les pays : l'Inde en compte 23, le Nigeria a une langue officielle (l'anglais) et plus de 525 langues autochtones, la Suisse en a quatre et le Canada en a deux. Cependant, le nombre de langues officielles ne reflète pas nécessairement le niveau de bilinguisme ou de plurilinguisme individuel de la population. En effet, en Inde et au Nigeria, les personnes instruites sont souvent plurilingues, tandis que ce n'est pas forcément le cas en Suisse et au Canada. Par conséquent, la politique linguistique d'un pays et son attitude envers le bilinguisme peuvent influencer le niveau de bilinguisme individuel de sa population.

Les déclarations politiques de langues officielles ne garantissent pas nécessairement l'adoption individuelle ou communautaire de plusieurs langues, surtout si l'on ne considère que la maîtrise des langues officielles. Par exemple, selon le recensement canadien de

2016, seulement 17 % des répondants ont déclaré pouvoir converser en anglais et en français, malgré les niveaux élevés de bilinguisme dans le pays avec les langues patrimoniales (plus de 60 % dans certains centres urbains). De même, le Québec, une province essentiellement francophone du Canada, a adopté des lois régissant l'utilisation de la langue afin de protéger le français de l'envahissement par la majorité anglaise qui l'entoure. Bien que ces lois aient réussi à protéger et à promouvoir l'usage du français au Québec, elles ont peut-être aussi eu pour effet de créer une population francophone plus monolingue qu'elle ne l'aurait été autrement. Les dimensions politiques de la langue et du bilinguisme sont réelles et présentes, mais leurs conséquences ne sont pas simples.

Si les politiques officielles ont un effet si important sur l'utilisation des langues dans la société, pourquoi les gouvernements ne vont-ils pas plus loin en adoptant des lois en faveur du bilinguisme ? En un seul geste, les législateurs pourraient légitimer les locuteurs de langues minoritaires, élargir les possibilités éducatives et améliorer la cohésion sociale et l'inclusion. Comme décrit dans le chapitre 3, les États-Unis ont plusieurs fois essayé de promulguer une législation garantissant l'accès à l'éducation dans les langues minoritaires par le biais de la loi pour l'éducation bilingue (*Bilingual Education Act*), un processus qui a fini par être porté devant la Cour suprême. Cependant, les lois soutenant le bilinguisme et l'éducation bilingue sont difficiles à adopter, en partie en raison de la crainte sous-jacente que le bilinguisme et l'éducation bilingue soient nuisibles aux enfants. Les décideurs politiques, les éducateurs et d'autres personnes hésitent souvent à prendre des mesures en faveur du bilinguisme, en partie en raison des anciennes peurs qui ont été implantées à partir des recherches erronées sur les tests d'intelligence dans la première moitié du XXème siècle, comme décrit dans le chapitre 5. Même la loi régissant l'utilisation du français au Québec, la loi 101, adoptée en 1977, bien que motivée par des objectifs différents, a eu un coût politique considérable dans tout le pays. Bien qu'elle ait permis de développer efficacement la langue française dans la province, l'expansion du français a eu un impact négatif sur les autres langues, réduisant leur présence dans les espaces publics de la communauté. Un véritable changement dans les politiques et les lois est nécessaire, mais ces dernières entraînent des conséquences au-delà des domaines spécifiques de l'utilisation des langues.

Deux langues, deux personnalités ?

Nous sommes conscients que les langues ne diffèrent pas seulement dans les mots qu'elles utilisent pour exprimer des significations, mais également dans les structures qui sont considérées comme polies ou acceptables. Les locuteurs de certaines langues, comme le japonais ou l'hindi, sont tenus d'adapter le terme qu'ils utilisent pour s'adresser aux personnes afin de refléter leur relation de statut spécifique avec cette personne. Les locuteurs d'autres langues, comme l'anglais, pourraient trouver cette exigence déconcertante. Il y a quelques années, une amie qui enseignait le japonais dans une université étrangère partageait un appartement avec d'autres professeurs du département de japonais pendant la semaine, mais rentrait chez elle le week-end et les jours sans enseignement. L'arrangement était sympathique et ils étaient tous heureux de partager l'appartement, communiquant entièrement en japonais. Mais les choses ont commencé à se gâter et la vie dans l'appartement est devenue tendue. (Oui, il était question d'un petit ami !) Mon amie savait qu'elle devait parler à ses colocataires, exposer le problème de manière explicite et trouver une solution. Elle savait également qu'elle ne pouvait pas le faire en japonais. La conversation lui semblerait trop directe, trop conflictuelle, et le japonais n'a tout simplement pas le vocabulaire ou la structure nécessaire pour exprimer son point de vue de manière efficace. C'est pourquoi, pour la première fois, elle s'est adressée à ses colocataires et à ses collègues en anglais. Elle était la même personne et savait que ce type de discours direct faisait partie de son identité, mais elle ne pouvait pas le transmettre en japonais.

On peut prendre cet exemple pour illustrer ce que certains chercheurs ont appelé la plus grande flexibilité sociale des bilingues par rapport aux monolingues.[179,181] Cette flexibilité sociale permet aux personnes bilingues de s'adapter aux attentes et aux demandes changeantes, leur permettant ainsi de s'engager dans un plus grand nombre d'interactions sociales. En outre, une plus grande flexibilité sociale est liée à une augmentation de la quantité d'interactions sociales, à une vision du monde moins ethnocentrique et à une plus grande acceptation des différences chez les autres. Ainsi, les individus bilingues peuvent être plus sociaux, plus ouverts et plus tolérants que les individus monolingues. Ces traits font partie des profils de personnalité qui varient d'un individu à l'autre. Mais cela signifie-t-il que les bilingues ont des personnalités différentes de celles des monolingues ? Ou encore plus intrigant, les bilingues ont-ils des personnalités différentes lorsqu'ils s'expriment dans chacune de leurs langues ?

Des éléments de preuve indiquent que la première de ces possibilités est vraie. Les bilingues qui ont vécu à l'étranger obtiennent de meilleurs résultats que ceux qui n'ont pas vécu cette expérience à des tests mesurant la tolérance à l'ambiguïté, une caractéristique liée à un large éventail de comportements positifs dans divers contextes sociaux.[182] De plus, le bilinguisme a été associé à une plus grande empathie cognitive et culturelle, ainsi qu'à une plus grande ouverture d'esprit, des valeurs positives auxquelles nous devrions tous aspirer.[183,184]

Les langues reflètent également différentes facettes de l'émotion, de sorte que les locuteurs de différentes langues disposent d'un vocabulaire et d'une gamme de concepts émotionnels différents pour exprimer leurs sentiments. En conséquence, les bilingues ont accès à des formes d'expression émotionnelle différentes de celles des locuteurs monolingues de la même langue, ainsi qu'à des types d'affects différents. De manière encore plus intéressante, l'expérience de communiquer à travers deux systèmes linguistiques émotionnels différents peut accroître la sensibilité émotionnelle de manière générale, une compétence essentielle pour l'interaction sociale et l'empathie. Nada Alqarni et Jean-Marc Dewaele ont demandé à des locuteurs bilingues arabes-anglais, à des locuteurs monolingues arabes et à des locuteurs monolingues anglais d'identifier des expressions émotionnelles sur des visages. Les participants ont regardé de courts clips vidéo de visages parlant anglais ou arabe et ont évalué leur expression émotionnelle. Les bilingues anglais-arabe ont été plus précis que les monolingues anglais dans les conversations en anglais, tandis que les monolingues arabes ont été plus précis que les bilingues dans les conversations en arabe. Cette asymétrie peut s'expliquer par plusieurs raisons, dont la taille de l'échantillon. Cependant, il est également possible que ces résultats reflètent des différences entre les langues (arabe vs anglais) plutôt que des différences entre les locuteurs (monolingue vs bilingue). En effet, les langues véhiculent différentes émotions, de sorte que les locuteurs bilingues ont accès à une palette plus large d'expressions émotionnelles. Cette possibilité soulève des questions intéressantes sur d'éventuelles différences dans la sensibilité émotionnelle entre les locuteurs monolingues et bilingues, qui nécessitent une étude approfondie.

Deux langues, deux modes de raisonnement ?

Dans la section précédente, nous avons examiné la possibilité que les bilingues diffèrent des monolingues en termes de réactivité émotionnelle, peut-être en raison de différences structurelles ou lexicales entre les langues dans la façon dont les émotions sont exprimées. Est-ce que cette différence peut également exister dans la réactivité cognitive ? Est-ce que le raisonnement est effectué différemment selon les langues ? Si c'est le cas, est-ce que cela signifie que les bilingues parviennent à des conclusions logiques ou prennent des décisions différentes de celles des monolingues ?

Un exemple dramatique qui appuie cette possibilité surprenante provient de la recherche sur le problème du tramway. Ce scénario de réflexion a une longue histoire dans le domaine de l'éthique. Il s'est étendu au fil du temps pour inclure de nombreuses variations, mais la question essentielle reste la même. Le problème est présenté sous la forme d'un scénario dans lequel les participants sont invités à décider comment ils agiraient dans une situation présentée comme un dilemme moral. Dans le scénario standard, un tramway à la dérive se dirige sur la voie ferrée vers cinq personnes incapables de bouger ; toutes les cinq seront tuées lorsque le tramway les atteindra. Il existe une voie parallèle, et vous (le participant) pouvez intervenir dans la situation en tirant un levier pour transférer le tramway sur cette autre voie. Cependant, il y a une personne sur cette voie qui sera tuée par le tramway détourné. Que faites-vous ? Si vous ne faites rien, cinq personnes seront tuées, mais vous n'êtes pas responsable ; si vous tirez le levier, une personne sera tuée et vous serez responsable, mais les cinq autres vies seront sauvées.

La base du problème reste la même, mais il existe de nombreuses variations superficielles. Par exemple, dans certaines versions, l'auditeur ne tire pas sur un levier pour faire dévier le tramway, mais se tient sur une passerelle surplombant la voie ferrée en observant les événements. Une personne de grande taille (décrite avec différents niveaux de détails négatifs ou désobligeants) se trouve également sur la passerelle. Le choix est donc de pousser cette personne du pont pour bloquer le chariot et sauver les cinq vies, en sacrifiant cet individu. Dans d'autres variantes, la certitude que les cinq personnes seront tuées est ajustée pour la rendre plus probable ou certaine. La structure morale sous-jacente de la question reste la même, mais la réaction émotionnelle de l'individu face au problème est modifiée. Des recherches ont révélé que les choix effectués lors de variations du problème du tramway et dans des situations similaires impliquant des décisions de vie ou de mort varient en fonction de la langue dans laquelle le scénario est présenté, un phénomène appelé « effet de la langue étrangère ». Les participants ont tendance à choisir l'option qui implique le sacrifice délibéré d'une personne pour sauver cinq autres lorsque le problème est présenté dans une langue étrangère. Cette décision est appelée « choix utilitaire » car elle privilégie le bien commun malgré la violation des principes moraux individuels.

La raison principalement avancée pour expliquer ces résultats est qu'il y a une plus grande distance émotionnelle dans une langue étrangère que dans la première langue ou la langue maternelle, ce qui permet à l'individu de prendre une décision basée sur une évaluation rationnelle et objective, plutôt que sur un préjugé émotionnel qui peut être présent dans sa langue maternelle, où le meurtre délibéré d'une personne est considéré comme moralement répréhensible. Aneta Pavlenko[191] explique également que la distance émotionnelle accrue des locuteurs d'une langue étrangère leur permet de prononcer des mots et des phrases qu'ils pourraient trouver choquants dans leur langue maternelle. Cependant, la distance émotionnelle seule ne suffit pas à expliquer complètement les résultats.

Michele Miozzo et ses collègues ont étendu les recherches de manière intéressante,[192] en soumettant le problème du chariot à des personnes bilingues maîtrisant parfaitement l'italien standard et un dialecte italien, soit vénitien, soit bergamasque. Tous les participants ont connu les deux langues depuis leur naissance et ont montré un attachement émotionnel équivalent aux deux langues. L'argument selon lequel la distance émotionnelle serait à l'origine de l'effet n'était donc pas valable. Pourtant, l'effet s'est reproduit parfaitement : davantage de choix utilitaires ont été faits lorsque le problème était présenté dans le dialecte plutôt qu'en italien standard. Par conséquent, l'explication de l'effet de la languc étrangère dans le raisonnement moral ne peut pas être simplement attribuée à la distance émotionnelle : d'autres facteurs doivent être impliqués. Cependant, il n'est pas clair actuellement quels pourraient être ces facteurs. Les auteurs suggèrent que les contextes dans lesquels les langues sont utilisées, ainsi que l'informalité relative du dialecte, pourraient être des facteurs pertinents. Ils notent également que les dialectes n'ont pas de forme écrite, limitant leur utilisation à des situations spécifiques. Ce problème est intriguant et reste non résolu.

L'impact de la langue étrangère est préoccupant. Nous avons tendance à croire que nous sommes des êtres rationnels guidés par un code moral. Comment pouvons-nous accepter que nos décisions en matière de vie et de mort soient différentes selon la langue utilisée pour présenter un dilemme moral ? Ce qui est encore plus préoccupant, c'est que nous confions régulièrement ces décisions à des politiciens, des médecins, des militaires et des policiers, entre autres. Devrions-nous nous inquiéter du fait que certaines de ces décisions auraient pu être différentes si le problème avait été présenté dans une autre langue ? Il n'y a pas de réponse à cette question, mais ces recherches mettent en évidence le rôle profond de la langue dans nos vies, pas seulement dans la manière évidente dont elle influence notre cognition, mais aussi dans les manières subtiles dont elle peut finalement affecter notre existence.

L'impact sur les résultats :
Le bilinguisme a-t-il des conséquences financières ?

Comme nous l'avons vu précédemment, les décisions importantes semblent varier en fonction de la langue dans laquelle le problème est présenté. Dans le cas du problème du chariot, on pourrait soutenir que la décision prise dans la langue la plus faible de sacrifier une personne pour sauver cinq vies était en quelque sorte plus « éthique ». Cependant, l'éthique n'est pas une catégorie objective, car elle découle d'un ensemble de circonstances qui contribuent au jugement. Se baser sur le seul problème des trolleybus ne permettrait pas de conclure que les personnes bilingues sont simplement plus éthiques que les personnes monolingues !

Les choix en matière de comportement éthique deviennent particulièrement délicats lorsque l'argent est en jeu. Nous sommes tous tentés par l'idée d'une croissance financière personnelle, et les décisions que nous prenons peuvent parfois franchir une zone éthique grise. Est-ce que les limites éthiques sont différentes pour les monolingues et les bilingues ? Ou pour les personnes bilingues dans leurs deux langues ? De manière plus générale, certains ont suggéré que les facteurs culturels et ethniques ont un impact sur les pratiques commerciales éthiques en général.[193]

Il est difficile de mener des recherches sur des questions aussi vastes et il est risqué de généraliser les résultats, mais certains exemples individuels suggèrent la présence de schémas plus larges. Dans l'une de ces études, Pan et Patel[194] ont présenté à des étudiants chinois en comptabilité, parlant couramment le chinois et l'anglais, un problème de comptabilité éthique. Après avoir mené des recherches sur des dilemmes moraux tels que le problème du chariot mentionné précédemment, ils ont pensé que des influences similaires pourraient également influencer les décisions relatives aux dilemmes comptables. Les participants étaient des étudiants de dernière année qui s'apprêtaient à entrer dans la vie active et à occuper des postes de comptables. Leurs compétences en anglais étaient excellentes et, en fait, leur programme de comptabilité comprenait un enseignement en anglais.

Les chercheurs ont mené une étude sur des étudiants chinois en comptabilité, parlant couramment le chinois et l'anglais. Ils ont présenté à ces participants un problème de comptabilité éthique, en se basant sur des recherches précédentes sur les dilemmes moraux tels que le problème du trolley. Ils ont voulu savoir si les influences linguistiques et culturelles pouvaient également influencer les décisions en matière de comptabilité. Les auteurs ont noté que les différences culturelles entre le chinois et l'anglais pourraient jouer un rôle dans les décisions des participants. Le chinois est lié à un état d'esprit interdépendant, tandis que l'anglais encourage un état d'esprit indépendant. Les auteurs ont prédit que les étudiants seraient plus susceptibles de prendre des mesures pour promouvoir leurs propres objectifs individuels et exprimer leurs besoins uniques lorsqu'ils travaillaient en anglais. Les résultats ont confirmé leur hypothèse : les participants ont pris des décisions différentes en fonction de la langue utilisée et ont utilisé des pratiques comptables plus agressives en anglais qu'en chinois.

Bien que la plupart d'entre nous ne soient pas impliqués dans des décisions comptables, notre richesse est une caractéristique importante de notre vie. À tort, la situation démographique aux États-Unis a conduit à la conclusion que le bilinguisme est associé à un statut socioéconomique inférieur et à une richesse moindre. Cette erreur reflète un raisonnement transitif incorrect : la plupart des bilingues aux États-Unis sont hispaniques et la plupart des hispaniques aux États-Unis vivent dans des conditions socioéconomiques relativement pauvres.[195] Cependant, le statut socioéconomique est le résultat de nombreux facteurs et n'a aucune incidence sur une relation directe entre le bilinguisme et la richesse. Peut-on isoler une telle relation ?

Nous avons tendance à associer de meilleures compétences et connaissances à de meilleures opportunités et, par conséquent, à une position sociale plus élevée. Logiquement, la connaissance d'autres langues devrait être l'un de ces avantages. Pourtant, dans certains endroits, les personnes bilingues ont souvent des emplois moins bons et gagnent moins d'argent que les monolingues. Comment expliquer cette constatation paradoxale ? Patricia Gándara et ses collègues[196,197] soutiennent que la langue est une forme de « capital humain » qui améliore la position d'un individu sur le marché du travail. Cependant, d'autres facteurs peuvent limiter ou masquer cette valeur, compromettant la capacité des personnes bilingues à atteindre le statut qu'elles pourraient attendre. Les bilingues sont souvent des immigrants et peuvent avoir des titres professionnels qui ne sont pas reconnus dans leur nouveau pays, ce qui compromet leur position dans la hiérarchie sociale et économique dès le départ. Toutefois, comme le soulignent Callahan et Gándara, lorsque ces facteurs sont contrôlés, le bilinguisme présente un avantage économique important.

Dans une approche astucieuse, Gándara[197] a inversé la question. Au lieu de se demander quels pourraient être les avantages potentiels du bilinguisme pour le marché du travail, elle a demandé si les enfants d'immigrants étaient *désavantagés* lorsque le développement de leur langue d'origine n'était pas encouragé. Encourager le développement et le maintien de la langue d'origine est un moyen simple de produire du bilinguisme : peu d'efforts particuliers, pas de classes formelles, et pas de programmes sociaux coûteux ne sont nécessaires. L'analyse des données d'une enquête à long terme a révélé des tendances claires. Les enfants d'immigrants de cet échantillon important qui sont devenus des bilingues fonctionnels en conservant leur langue d'origine gagnaient des salaires plus élevés et occupaient des postes plus importants que les enfants d'immigrants qui sont devenus des monolingues assimilés et n'ont pas acquis la maîtrise de leur langue d'origine. De plus, plus les personnes étaient bilingues, c'est-à-dire qu'elles maîtrisaient parfaitement les deux langues, plus elles obtenaient de bons résultats sur le marché du travail. Bien que de nombreux autres facteurs interviennent dans ces résultats socioéconomiques, il est difficile d'isoler le rôle de la compétence linguistique bilingue. Toutefois, des preuves peuvent être trouvées en y regardant attentivement.

Une étape importante dans la compréhension de la question de savoir si le bilinguisme est un avantage ou un handicap pour le développement des enfants a été franchie avec l'étude de Montréal sur l'intelligence des enfants menée par Peal et Lambert,[106] décrite dans le chapitre 5. Les chercheurs étaient conscients que le statut socioéconomique était un facteur de complication dans toutes ces recherches et qu'il devait être soigneusement contrôlé. En général, les recherches comparant les enfants monolingues et bilingues ont porté sur des enfants monolingues parlant la langue de la communauté majoritaire et des enfants bilingues parlant également une langue d'origine minoritaire. Cette situation tend à favoriser les enfants parlant la langue majoritaire pour des raisons autres que celles liées à leur statut monolingue ; l'exemple typique est celui des enfants monolingues anglais aux États-Unis et des enfants bilingues anglais-espagnol. L'innovation dans l'étude de Peal et Lambert était que tous les enfants avaient le français comme première langue, un groupe pour lequel le statut socioéconomique était régulièrement plus bas que celui des enfants anglophones. Par conséquent, ils ont pensé qu'en comparant les enfants francophones qui parlaient également couramment l'anglais, le groupe bilingue, avec leurs camarades de classe qui ne parlaient que le français, le groupe monolingue, ils seraient en mesure d'isoler l'effet du bilinguisme sans contamination par le statut socioéconomique. Puisque le français était la première langue de tous ces enfants, l'argument était que le statut socioéconomique était similaire. Les résultats célèbres de cette étude sont que les enfants bilingues ont obtenu de meilleurs résultats que les monolingues dans tous les tests.

Malgré les précautions prises, l'hypothèse de Peal et Lambert selon laquelle le statut socioéconomique n'était pas un facteur déterminant des résultats de leur étude était probablement erronée. Être bilingue offrait même à l'époque de meilleures perspectives d'emploi et un statut socioéconomique plus élevé aux francophones et anglophones. Par conséquent, les groupes monolingues et bilingues se différenciaient non seulement par le nombre de langues parlées. En 1970, dans la province de Québec, le salaire annuel moyen des hommes anglophones était de 8 171 $ pour les monolingues et de 8 938 $ pour les bilingues qui parlaient également le français, soit une prime au bilinguisme d'un peu moins de 10 %. En revanche, le salaire annuel moyen des hommes francophones était de 5 136 $ pour les monolingues et de 7 363 $ pour les francophones bilingues, soit une prime au bilinguisme d'un peu plus de 40 %.[198] Les francophones avaient un statut socioéconomique inférieur et des salaires moins élevés que les anglophones, mais le fait d'être bilingue offrait malgré tout une mobilité sociale considérable. Dans la hiérarchie sociale hautement stratifiée du Québec des années 1970, il y avait donc de grandes différences entre les communautés anglophones et francophones en termes de richesse et de prestige, mais le fait de parler l'anglais et le français améliorait la position sociale dans les deux groupes linguistiques, avec un avantage plus important pour la communauté francophone. Les enfants de l'étude de Peal et Lambert bénéficiaient donc également d'un plus grand prestige social et des État donné que la langue est un élément crucial de notre vie et de notre identité, il n'est pas étonnant que nos compétences linguistiques - le nombre de langues que nous parlons, ainsi que le statut de ces langues dans la communauté - aient un impact sur bien plus que notre capacité à communiquer. Comme nous l'avons vu, cela a des effets dans des domaines aussi variés que la sensibilité émotionnelle, le raisonnement moral, le jugement et la réussite économique, qui découlent à la fois du fait de parler une ou deux langues et des langues spécifiques impliquées. Cependant, ces effets sont complexes et interagissent avec de nombreux autres facteurs : le bilinguisme à lui seul ne garantit pas un bon emploi ou une vision empathique du monde, mais il contribue à atteindre ces objectifs. Ces possibilités et valeurs sont celles que nous souhaitons transmettre à nos enfants. Par conséquent, elles devraient également être prises en compte dans le développement des enfants bilingues.

Un dernier mot

Toutes nos expériences laissent une empreinte et modifient notre être d'une certaine manière. Un intérêt pour la musique, un talent pour la peinture, une prédisposition pour l'athlétisme, influencent les choix que nous faisons, les compétences que nous acquérons et notre vie en général. Ces expériences sont également inscrites dans notre esprit et notre cerveau. Comme mentionné précédemment, notre cerveau s'adapte aux activités que nous effectuons régulièrement pour les accomplir plus efficacement. De même, notre esprit s'adapte aux activités récurrentes en réorganisant les connexions entre les réseaux de neurones, ce qui fait que ces activités sont exécutées de manière différente pour les experts que pour les non-experts. L'utilisation du langage est sans doute l'activité humaine la plus intense, la plus étendue et la plus profonde. Il serait surprenant que la manière dont nous utilisons le langage n'ait aucune incidence sur notre esprit et notre cerveau.

Nous sommes exposés aux langues de différentes manières, que ce soit à la maison, à l'école ou lors de voyages. Ces expériences sont très variées et leur impact sur le développement des enfants dépend des moyens utilisés pour apprendre plusieurs langues : l'apprentissage des langues maternelles, l'éducation bilingue, ou encore l'éducation en langue étrangère, bien que dans une moindre mesure. La question centrale que nous avons étudiée dans ce livre est de savoir comment ces expériences linguistiques ont un impact sur le développement des enfants. Comme nous l'avons vu dans une grande variété de sujets, l'impact est complexe, mais toujours positif.

Je n'ai pas beaucoup abordé le processus d'apprentissage d'une deuxième langue, que ce soit pour les enfants ou les adultes. Dans une certaine mesure, c'est un sujet différent, bien que j'en aie déjà discuté dans le passé...[199] Bien qu'il soit toujours préférable d'avoir une meilleure maîtrise d'une langue plutôt qu'une moins bonne maîtrise, et que cela conduise souvent à des effets plus importants du bilinguisme, cela n'est que rarement décisif pour déterminer si une expérience linguistique bilingue aura un impact sur la cognition et le développement. Certaines personnes apprennent une deuxième langue plus facilement que d'autres, peut-être parce qu'elles sont plus douées verbalement ou qu'elles travaillent plus dur, mais l'impact de l'utilisation d'une langue bilingue est accessible à tous, quel que soit le niveau de compétence atteint. Apprendre une langue est toujours difficile, tout comme apprendre n'importe quoi d'autre, comme jouer de la musique ou jouer au tennis, par exemple. Récemment, j'ai assisté à une conférence où j'ai rencontré un hyperpolyglotte qui prétendait parler plus de 30 langues. Je n'avais aucune raison de ne pas le croire, mais je n'avais pas non plus les moyens de vérifier ses dires ! Il a décrit sa méthode d'apprentissage de la dernière langue qu'il avait ajoutée à son répertoire, le finnois. Cela nécessitait beaucoup de travail acharné, de pratique, de prise de notes, de pratique, de contre-vérification, de pratique, et ainsi de suite. Il n'y avait pas de magie là-dedans. Cependant, il est également vrai que tout ce qui est difficile pour votre cerveau est bon pour votre cerveau, donc le simple fait de s'engager dans le processus d'apprentissage d'une langue apporte probablement sa propre récompense.

Les parents consacrent beaucoup de temps et d'énergie à réfléchir aux choix linguistiques pour leurs enfants. Pour certains, cela signifie déterminer quelles langues utiliser à la maison si les parents parlent différentes langues, ou quelle langue utiliser pour certaines conversations ou activités spécifiques. Pour d'autres, cela signifie réfléchir à la façon d'organiser l'apprentissage des langues pour leurs enfants, que ce soit à l'école ou en complément. Les parents se posent de nombreuses questions et s'inquiètent souvent de l'impact potentiel de leur décision sur le développement de leurs enfants. Cependant, dans toutes les délibérations sur la question de savoir si leurs enfants doivent devenir bilingues, il y a une conséquence rarement évoquée : les personnes bilingues peuvent communiquer dans d'autres langues ! Elles peuvent lire des livres différents, voyager dans de nouveaux endroits, communiquer avec d'autres personnes, occuper des emplois spécialisés, étudier certains domaines et découvrir le monde sous un angle inaccessible aux monolingues. Ce seul avantage devrait suffire à justifier le voyage vers le bilinguisme.

Points à retenir

- Nos langues ont un impact qui dépasse les capacités linguistiques et cognitives, et affectent également notre raisonnement et notre prise de décision émotionnelle.
- Être plurilingue ouvre des possibilités que les monolingues ne peuvent pas avoir, comme l'accès à certains emplois et la progression financière.
- Avoir une langue, c'est bien, mais avoir plusieurs langues, c'est encore mieux !

Épilogue
Que savons-nous ?
Questions, faits et mythes

Ces dernières années, il y a eu une explosion de recherches sur le bilinguisme et ses conséquences. Bien que ces études ne se soient pas toutes concentrées sur les enfants, elles ont toutes enrichi notre compréhension du bilinguisme : comment le définir, quels sont ses impacts (ou non) et quelles décisions sont les plus bénéfiques pour les enfants en matière de bilinguisme. Les réponses à ces questions sont disséminées dans tout ce livre, donc cet épilogue synthétise certaines de ces informations en réponse aux préoccupations les plus urgentes des parents.

1. *Les enfants bilingues mélangent souvent leurs langues et en utilisent la mauvaise avec les locuteurs actuels. Cela ne signifie-t-il pas qu'ils sont confus ?*

Les enfants bilingues font souvent des erreurs en mélangeant leurs langues et en utilisant parfois la mauvaise langue avec les locuteurs concernés, ce qui est moins courant chez les adultes bilingues. Cependant, cela ne signifie pas qu'ils sont confus ; au contraire, ils font preuve de créativité en utilisant leurs ressources limitées pour améliorer leur communication. Comme ils ont un vocabulaire plus limité dans chaque langue que les locuteurs monolingues, ils ont recours à l'autre langue pour combler les lacunes et s'assurer que leur message est compris. Les enfants bilingues sont capables de distinguer les deux langues dès leur plus jeune âge, ce qui prouve qu'ils comprennent que les langues sont distinctes. Leur objectif principal est de communiquer efficacement. (Discussion au chapitre 1)

2. *Mais la confusion se manifeste-t-elle dans l'intelligence ? Peut-être que les enfants bilingues sont « moins intelligents » que les enfants monolingues parce qu'ils ont trop de choses à gérer dans deux langues.*

L'ancienne croyance selon laquelle le bilinguisme engendre une confusion mentale a été entièrement démystifiée. Les enfants monolingues surpassent les enfants bilingues pour certaines mesures telles que la connaissance du vocabulaire dans une langue. En revanche, les enfants bilingues surpassent les enfants monolingues pour certaines aptitudes telles que l'attention et le fonctionnement exécutif. Quant à d'autres aptitudes comme l'intelligence générale non verbale, le raisonnement et la planification, il n'y a pas de différences entre les enfants monolingues et bilingues. Les effets du bilinguisme sur le développement des enfants sont spécifiques, il n'y a pas de déficit général attribuable à l'expérience bilingue. (Discussion au chapitre 5)

3. *Quel est le meilleur âge pour apprendre une nouvelle langue ? Peut-on maîtriser une nouvelle langue après l'enfance ?*

Les enfants ont souvent plus de facilité que les adultes à apprendre une nouvelle langue et semblent apprendre les langues qu'ils acquièrent à un jeune âge avec un niveau de compétence plus élevé que celles qu'ils essaient d'apprendre plus tard. Cependant, cela ne signifie pas qu'il y a une fenêtre temporelle spécifique pendant laquelle l'apprentissage des langues est optimal. La notion de période critique, qui stipule que les langues doivent être apprises dans l'enfance pour être correctement maîtrisées, s'applique à l'apprentissage d'une première langue et non à l'ajout d'une deuxième langue. Il est possible d'apprendre une langue à tout moment, mais il est vrai que les résultats sont généralement meilleurs pour les langues apprises pendant l'enfance. (Discussion au chapitre 2)

4. *Est-il nécessaire d'être bilingue dès le plus jeune âge pour bénéficier des avantages cognitifs et sanitaires du bilinguisme ?*

Le bilinguisme est un continuum d'expériences et il a été démontré que de nombreux effets du bilinguisme sur les résultats cognitifs et de santé sont liés au niveau d'expérience bilingue. Les avantages sont plus importants pour les personnes qui sont plus bilingues, qui ont été bilingues depuis plus longtemps ou qui utilisent les deux langues plus fréquemment. De cette façon, le bilinguisme n'est pas différent d'autres expériences telles que la pratique musicale : plus on s'entraîne, plus on joue bien, et plus on peut s'attendre à des changements dans les voies neuronales qui guident la performance. (Discussion au chapitre 1)

5. *Si deux langues sont bonnes, trois langues sont-elles encore meilleures ?*

Il est difficile de répondre à cette question et il n'y a pas de preuve claire allant dans un sens ou dans l'autre. Certaines études qui comparent des personnes bilingues et plurilingues ont montré des avantages supplémentaires pour les trilingues ou plurilingues par rapport aux bilingues, tandis que d'autres études portant essentiellement sur la même question n'ont trouvé aucun avantage supplémentaire. L'un des problèmes avec ces études est que les personnes qui deviennent plurilingues peuvent différer des bilingues à d'autres égards que le nombre de langues qu'elles parlent. Par exemple, elles peuvent être plus douées verbalement, plus intéressées par les langues, plus instruites, ou d'autres facteurs qui pourraient interférer avec le résultat. Dans le cadre d'une recherche dans laquelle deux groupes sont comparés, il est essentiel que les groupes ne diffèrent que par le facteur d'intérêt, sinon aucune conclusion ne peut être tirée. (Discussion au chapitre 5)

6. *Certains enfants rencontrent des difficultés particulières qui rendent l'école difficile et compromettent la réussite scolaire, même dans une seule langue. Doivent-ils devenir bilingues ? Doivent-ils être inscrits dans des programmes d'éducation bilingue ?*

Il n'existe pas de réponse universelle à cette question car il n'y a pas de raison unique pour que les enfants apprennent une deuxième langue. Pour ceux qui souffrent d'un trouble d'apprentissage et qui doivent apprendre une langue maternelle à la maison, il n'y a aucune preuve que l'ajout d'une deuxième langue aura un impact négatif sur ce trouble. Dans ce cas, les avantages de la connaissance de la langue, ainsi que du lien avec leur famille et leur communauté, l'emportent sur tout effort supplémentaire que l'apprentissage de cette langue pourrait apporter. Les parents qui considèrent l'éducation bilingue comme un enrichissement peuvent trouver qu'un programme linguistique n'est pas la meilleure option éducative pour leur enfant. La réponse à cette question dépend donc des circonstances et des raisons pour lesquelles l'enfant acquiert une deuxième langue, ainsi que de la décision personnelle des parents sur les choix éducatifs optimaux. (Discussion au chapitre 3)

7. *Il y a plusieurs langues dans notre famille, et nous voulons que nos enfants les apprennent toutes. Quelle langue devrions-nous leur parler ?*

Une fois que l'on accepte que l'écoute de plusieurs langues ne perturbe pas les enfants, le problème de savoir quoi dire à la maison devient plus facile à résoudre. La première considération est de faciliter la communication en rendant les conversations naturelles aussi fluides et significatives que possible au sein de la famille. La deuxième considération est de faire de la langue un élément central de la vie familiale : plus les enfants entendent de langues, plus ils en apprennent. Les parents se demandent également s'ils doivent parler à leurs enfants une langue qu'ils ne maîtrisent pas très bien ou dans laquelle ils ont un accent marqué. Bien qu'il n'y ait pas de mal à cela, il est recommandé que chacun parle la langue dans laquelle il est le plus à l'aise pour favoriser une communication optimale. (Discussion au chapitre 1)

8. *On a diagnostiqué une dyslexie chez mon enfant. Devrait-elle apprendre à lire dans une deuxième langue ?*

Les enfants atteints de dyslexie rencontrent des difficultés généralisées à apprendre à lire, causées par des facteurs génétiques et environnementaux. Cependant, apprendre à lire dans deux langues n'aggrave pas cette condition. Bien que la lecture soit un défi pour les enfants dyslexiques, les parents doivent surveiller l'impact émotionnel de la lecture pour éviter que cela ne devienne une charge trop lourde ou source d'anxiété pour leur enfant. Le bilinguisme ou la bilittératie ne guérissent pas la dyslexie, mais cela ne devrait pas être un obstacle pour apprendre une deuxième langue si l'enfant en a l'intérêt. Les décisions concernant l'apprentissage d'une deuxième langue doivent être guidées par le bien-être général de l'enfant. (Discussion au chapitre 4)

Références

1. Harari, Y.N., *Sapiens : une brève histoire de l'humanité*. 2015, New York : Harper.

2. Diamond, J., *Les avantages du plurilinguisme*. Science, 2010. **330** : p. 332-333.

3. Grosjean, F., *Bilingue : vie et réalité*. 2010, Cambridge, MA : Harvard University Press.

4. Byers-Heinlein, K., T.C. Burns, et J.F. Werker, *The roots of bilingualism in newborns*. Psychological Science, 2010. **21** : p. 343-348.

5. Nelson, C.A., N.A. Fox, et C.H. Zeanah, *Romania's Abandoned Children : La privation, le développement du cerveau et la lutte pour le rétablissement*. 2014, Cambridge, MA : Harvard University Press.

6. Saffran, J.R., A. Senghas, et J.C. Trueswell, *The acquisition of language by children*. Proceedings of the National Academy of Sciences, 2001. **98**(23) : p. 12874-12875.

7   Richland, L.E., R.G. Morrison, et K.J. Holyoak, *Children's development of analogical reasoning : insights from scene analogy problems*. Journal of Experimental Child Psychology, 2006. **94**(3) : p. 249-73.

8. Thomas, R.C. et L. Hasher, *Reflections of distraction in memory : Le transfert d'une distraction antérieure améliore le rappel chez les adultes plus jeunes et plus âgés*. Journal of Experimental Psychology : Learning, Memory, and Cognition, 2012. **38**(1) : p. 30-39.

9   Parsons, T.D., et al, *Sex differences in mental rotation and spatial rotation in a virtual environment*. Neuropsychologia, 2004. **42**(4) : p. 555-62.

10. Boh, B., et al, *Processing of complex auditory patterns in musicians and nonmusicians*. PLoS One, 2011. **6**(7) : p. e21458.

11. Bak, T.H., *Cuisiner des pâtes à La Paz*. Approches linguistiques du bilinguisme, 2016. **6** : p. 699-717.

12. Bialystok, E., *Le signal et le bruit.* Approches linguistiques du bilinguisme, 2016. **6**(5) : p. 517-534.

Nichols, E.S., et al, *Bilingualism affords no general cognitive advantages : A population study of executive function in 11,000 people.* Psychological Science, 2020. **31** : p. 548-567.

14. Yamasaki, B.L. et G. Luk, *Eligibility for Special Education in Elementary School : Le rôle de la diversité des expériences linguistiques.* Services linguistiques, orthophoniques et auditifs dans les écoles, 2018. **49**(4) : p. 889-901.

15. Luk, G. et J.F. Kroll, *Bilingualism and Education*, in *The Cambridge Handbook of Cognition and Education.* 2019. p. 292-319.

16. Green, D.W. et J. Abutalebi, *Language control in bilinguals : L'hypothèse du contrôle adaptatif.* Journal of Cognitive Psychology, 2013. **25** : p. 515-530.

17. Ronjat, J., *Le développement du langage observé chez un enfant bilingue.* 1913, Paris : Librairie Ancienne H. Champion.

18. Dopke, S., *Un parent, une langue : Une approche interactionnelle.* 1992, Amsterdam : John Benjamins.

19. De Houwer, A., *Parental language input patterns and children's bilingual use.* Psycholinguistique appliquée, 2007. **28** : p. 411-424.

20. Saer, D.J., *Les effets du bilinguisme sur l'intelligence.* British Journal of Psychology, 1923. **14** : p. 25-38.

21. Fernald, A., V.A. Marchman, et A. Weisleder, *SES differences in language processing skill and vocabulary are evident at 18 months.* Science du développement, 2013. **16**(2) : p. 234-248.

22. Hoff, E., *Interpreting the early language trajectories of children from low-SES and language minority homes : Implications pour la réduction des écarts de réussite.* Psychologie du développement, 2013. **49**(1) : p. 4-14.

23. Hart, B. et T.R. Risley, *Meaningful differences in the everyday experience of young American children.* 1995, Baltimore, MD : Brookes.

24. Sperry, D.E., L.L. Sperry, et P.J. Miller, *Réexamen des environnements verbaux des enfants issus de différents milieux*

socioéconomiques. Développement de l'enfant, 2019. **90**(4) : p. 1303-1318.

25.   Peets, K. et E. Bialystok, *Dissociation des mesures standardisées et conversationnelles de la compétence linguistique chez les maternelles bilingues.* Psycholinguistique appliquée, 2015. **36** : p. 437-461.

26.   De Houwer, A., Le *développement bilingue dans l'enfance.* Éléments dans le développement de l'enfant. 2021, Cambridge : Cambridge University Press.

27.   Byers-Heinlein, K., E. Morin-Lessard, et C. Lew-Williams, *Bilingual infants control their languages as they listen.* Actes de l'Académie nationale des sciences, 2017. **114** : p. 9032-9037.

28.   Weikum, W.M., et al., *Visual language discrimination in infancy.* Science, 2007. **316** : p. 1159.

29.   Cuaya, L.V., et al., *Speech naturalness detection and language representation in the dog brain.* Neuroimage, 2021 : p. 118811.

      Kroll, J.F., S.C. Bobb, et N. Hoshino, *Two languages in mind : Le bilinguisme comme outil d'investigation du langage, de la cognition et du cerveau.* Directions actuelles de la science psychologique, 2014. **23** : p. 159-163.

31.   Kandhadai, P., D.K. Danielson, et J.F. Werker, *Culture as a binder for bilingual acquisition.* Tendances en neurosciences et en éducation, 2014. **3** : p. 24-27.

32.   Lorenz, K., *L'anneau du roi Salomon : une nouvelle lumière sur les voies des animaux.* 1952, New York : Crowell.

33   Lewis, T.L. et D. Maurer, *Multiple sensitive periods in human visual development : evidence from visually deprived children.* Developmental Psychobiology, 2005. **46**(3) : p. 163-83.

34.   Curtiss, S., *Genie : A psycholinguistic study of a modern-day "wild child".* 1977, New York : Academic Press.

35.   Mayberry, R.I. et R. Kluender, *Rethinking the critical period for language : New insights into an old question from American Sign Language.* Bilinguisme : Langage et cognition, 2018. **21**(5) : p. 886-905.

36.   Newport, E.L., *Maturational constraints on language learning.* Cognitive Science, 1990. **14** : p. 11-28.

37. Werker, J.F. et T.K. Hensch, *Critical periods in speech perception : De nouvelles directions.* Revue annuelle de psychologie, 2015. **66** : p. 173-196.

38. Lenneberg, E.H., *Biological foundations of language.* 1967, New York : John Wiley.

39. Bialystok, E. et J.F. Kroll, *The neurobiology of language : Looking beyond monolinguals.* Biolinguistique, 2017. **11** : p. 339-351.

40. Krashen, S., *The critical period for language acquisition and its possible bases.* Annales de l'Académie des sciences de New York, 1974. **263** : p. 211-224.

41. Pinker, S., *The language instinct.* 1994, New York : W. Morrow.

42. Johnson, J.S. et E.L. Newport, *Critical period effects in second language learning : L'influence de l'état de maturation sur l'acquisition de l'anglais comme seconde langue.* Psychologie cognitive, 1989. **21** : p. 60-99.

43. Hartshorne, J.K., J.B. Tenenbaum, et S. Pinker, *A critical period for second language acquisition : Evidence from 2/3 million English speakers.* Cognition, 2018. **177** : p. 263-277.

44. Birdsong, D., *The Critical Period Hypothesis for second language acquisition : Tailoring the coat of many colors,* in *Essential topics in applied linguistics and multilingualism,* M. Pawlak et D. Singleton, Editors. 2014, Springer International Publishing, p. 43-50.

45. Hakuta, K., E. Bialystok, et E. Wiley, *Critical evidence : A test of the critical-period hypothesis for second-language acquisition.* Psychological Science, 2003. **14**(1) : p. 31-38.

46 DeLuca, V., et al, *Brain adaptations and neurological indices of processing in adult Second Language Acquisition : Challenges for the Critical Period Hypothesis* in *The Handbook of the Neuroscience of Multilingualism,* J. Schwieter, Editor. 2019, WileyBlackwell

47. Snow, C.E. et M. Hoefnagel-Hohle, *The Critical Period for Language Acquisition : Evidence from Second Language Learning.* Child Development, 1978. **49** : p. 114-1128.

48. Slik, F., et al., *Critical Period Claim Revisited : Reanalysis of Hartshorne, Tenenbaum, and Pinker (2018) Suggests Steady*

Decline and Learner-Type Differences. Language Learning, 2021.

Krugman, P., *Arguing with Zombies : Economics, Politics, and the Fight for a Better Future.* 2020, New York : W.W. Norton.

50.   Offord, D., V. Rjeoutski et G. Argent, *La langue française en Russie : Une histoire sociale, politique, culturelle et littéraire.* 2018, Amsterdam : Amsterdam University Press.

51.   Garcia, O. et H.H. Woodley, *Bilingual Education*, in *The Routledge Handbook of Educational Lingusitics*, M. Bigelow et J. Ennser-Kananen, Editors. 2015, Routledge : New York. p. 132-144.

52.   Ovando, C.J., *Bilingual Education in the United States : Historical Development and Current Issues.* L'éducation bilingue aux États-Unis, 2003. **27** : p. 1-24.

53.   Nieto, D., *A brief history of bilingual education in the United States.* Perspectives de l'éducation urbaine, 2009. **6** : p. 61-72.

54.   Pace, A., et al., *Measuring success : Prédicteurs intra et inter-domaines des trajectoires scolaires et sociales à l'école primaire.* Early Childhood Research Quarterly, 2019. **46** : p. 112-125.

55.   Démocratie, F.f.E.a., *Démocratie en danger : La nécessité d'une nouvelle politique fédérale en matière d'éducation.* 2008, Le Forum pour l'éducation et la démocratie : Washington, DC.

56.   Gándara, P., *Charting the relationship of the ESEA and English learners : Un pas en avant, deux pas en arrière.* Revue des sciences sociales de la Fondation Russell Sage, 2015. **12** : p. 112-128.

57.   Lindholm-Leary, K. et N. Block, *Achievement in predominantly low SES/Hispanic dual language schools.* International Journal of Bilingual Education and Bilingualism, 2010. **13**(1) : p. 43-60.

58.   Lindholm-Leary, K., *Bilingual and biliteracy skills in young Spanish-speaking low-SES children : impact of instructional language and primary language proficiency.* Journal international de l'éducation bilingue et du bilinguisme, 2014. **17**(2) : p. 144-159.

59.   Thomas-Sunesson, D., K. Hakuta, et E. Bialystok, *Le degré de bilinguisme modifie le contrôle exécutif chez les enfants hispaniques*

aux États-Unis. Journal international de l'éducation bilingue et du bilinguisme, 2018. **21** : p. 197-206.

60. Barik, H.C. et M. Swain, *Three Year Evaluation of Large-Scale Early Grade French Immersion Program : The Ottawa Study.* Language Learning, 1975. **25**(1) : p. 1-30.

    Genesee, F., *What do we know about bilingual education for majority language students*, in *Handbook of Bilingualism and Multiculturalism*, T.K. Bhatia and W. Ritchie, Editors. 2004, Blackwell : Malden, MA. p. 547-576.

    Hermanto, N., S. Moreno, et E. Bialystok, *Linguistic and metalinguistic outcomes of intense immersion education : À quel point sont-ils bilingues ?* Journal international de l'éducation bilingue et du bilinguisme, 2012. **15**(2) : p. 131-145.

63. Swain, M. et S. Lapkin, *Evaluating bilingual education : A Canadian case study.* 1982, Clevedon : Multilingual Matters.

64. Bild, E.-R. et M. Swain, *Minority language students in a French immersion programme : Leur compétence en français.* Journal of Multilingual and Multicultural Development, 1989. **10** : p. 255-274.

65. Au-Yeung, K., et al. *Développement des compétences linguistiques et de littératie en anglais et en français chez les élèves d'immersion française EL1 et EL dans les premières années du primaire.* Reading Research Quarterly, 2015. **50** : p. 233-254.

66. Shorbagi, S.H., C. Dias Martins, et E. Bialystok, *Acquiring the language of instruction : Effect of home language experience.* Psycholinguistique appliquée, 2022. **43** : p. 463-484.

67. Montanari, S., *Une étude de cas du développement de la bi-lettrisme chez les enfants inscrits dans un programme de langue double italien-anglais en Californie du Sud.* Journal international de l'éducation bilingue et du bilinguisme, 2013. **17**(5) : p. 509-525.

68. Padilla, A.M., et al, *A Mandarin / English two-way immersion program : Compétence linguistique et réussite scolaire.* Annales des langues étrangères, 2013. **46**(4) : p. 661-679.

69. Schwartz, M., *L'impact du modèle First Language First sur le développement du vocabulaire chez les enfants bilingues d'âge préscolaire.* Lecture et écriture, 2013. **27**(4) : p. 709-732.

70. Schwartz, M. et Y. Shaul, Le *développement narratif chez les enfants des minorités linguistiques : le rôle de l'éducation préscolaire bilingue versus monolingue.* Langue, culture et curriculum, 2013. **26**(1) : p. 36-51.

71. Dunn, L.M. et D.M. Dunn, *Peabody Picture Vocabulary Test-Fourth Edition.* 2007, Bloomington, MN : NCS Pearson Inc.

Bialystok, E., et al, *Receptive vocabulary differences in monolingual and bilingual children.* Bilingualisme : Language and Cognition, 2010. **13**(4) : p. 525-531.

73. Leonard, L.B., Les *enfants atteints de troubles spécifiques du langage.* 2014, Cambridge, États-Unis : MIT Press.

74. Kohnert, K., J. Windsor, et K.D. Ebert, *Primary or "specific" language impairment and children learning a second language.* Cerveau et langage, 2009. **109**(2-3) : p. 101-11.

75. Paradis, J., *L'interface entre le développement bilingue et les troubles spécifiques du langage.* Psycholinguistique appliquée, 2010. **31**(2) : p. 227-252.

76. Bedore, L.M. et E.D. Peña, *Assessment of bilingual children for identification of Language Impairment : Current findings and implications for practice.* International Journal of Bilingual Education and Bilingualism, 2008. **11**(1) : p. 1-29.

77. Peña, E.D., et al, *Identifying Developmental Language Disorder in School Age Bilinguals : Sémantique, grammaire et récits.* Language Assessment Quarterly, 2020. **17**(5) : p. 541-558.

78. Pratt, A.S., et al, *Exploring the Use of Parent and Teacher Questionnaires to Screen for Language Disorders in Bilingual Children.* Topics in Early Childhood Special Education, 2020.

79. Kohnert, K., *Troubles du langage chez les enfants et les adultes bilingues. Deuxième édition.* 2013, San Diego : Plural Publishing.

80. Afflerbach, P., ed. *Handbook of individual differences in reading : Reader, text, and context.* 2015, Routledge : New York.

81. Adams, M.J., *Beginning to read : Thinking and learning about print.* 1990, Cambridge, MA : MIT Press.

82.   Castles, A., K. Rastle, et K. Nation, *Ending the Reading Wars : Reading Acquisition From Novice to Expert.* La science psychologique dans l'intérêt public, 2018. **19**(1) : p. 5-51.

83.   Hoover, W.A. et P.B. Gough, *The simple view of reading.* Reading and Writing : An Interdisciplinary Journal, 1990. **2**(2) : p. 127-160.

84.   Goldenberg, C., *Reading Wars, Reading Science, and English Learners.* Reading Research Quarterly, 2020. **55**(S1).

85.   Umbel, V.M., et al., *Measuring Bilingual Children's Receptive Vocabularies.* Child Development, 1992. **63**(4) : p. 1012-1020.

86.   Gross, M., M. Buac, et M. Kaushanskaya, *Notation conceptuelle des mesures de vocabulaire réceptif et expressif chez les enfants bilingues simultanés et séquentiels.* American Journal of Speech and Language Pathology, 2014. **23**(4) : p. 574-86.

87.   Bialystok, E. et G. Luk, *Différences de vocabulaire réceptif chez les adultes monolingues et bilingues.* Bilinguisme-langue et cognition, 2012. **15**(2) : p. 397-401.

88.   Huang, B.H., et al., *The contributions of oral language to English reading outcomes among young bilingual students in the United States.* Journal international du bilinguisme, 2021. **25**(1) : p. 40-57.

89.   Bialystok, E., G. Luk, et E. Kwan, *Bilingualism, biliteracy, and learning to read : Interactions entre les langues et les systèmes d'écriture.* Études scientifiques de la lecture, 2005. **9**(1) : p. 43-61.

90.   Cummins, J., *Bilingualism and the development of metalinguistic awareness.* Journal of Cross-Cultural Psychology, 1978. **9** : p. 131-149.

91.   Galambos, S.J. et K. Hakuta, *Subject-specific and task-specific characteristics of metalinguistic awareness in bilingual children.* Psycholinguistique appliquée, 1988. **9** : p. 141-162.

92.   Bialystok, E., *Facteurs de croissance de la conscience linguistique.* Développement de l'enfant, 1986. **57**(2) : p. 498-510.

93.   Bialystok, E., *Symbolic representation across domains in preschool children.* Journal of Experimental Child Psychology, 2000. **76**(3) : p. 173-189.

94. Cain, K., J. Oakhill, et P. Bryant, *Children's reading comprehension ability : Prédiction concomitante par la mémoire de travail, la capacité verbale et les compétences des composants.* Journal of Educational Psychology, 2004. **96**(1) : p. 31-42.

95. Geva, E. et L.S. Siegel, *Orthographic and cognitive factors in the concurrent development of basic reading skills in two languages.* Reading and Writing : An Interdisciplinary Journal, 2000. **12** : p. 1-30.

96. Morales, J., A. Calvo, et E. Bialystok, *Développement de la mémoire de travail chez les enfants monolingues et bilingues.* Journal of Experimental Child Psychology, 2013. **114**(2) : p. 187-202.

97. Greenberg, A., B. Bellana, et E. Bialystok, *Perspective-taking ability in bilingual children : Extension des avantages dans le contrôle exécutif au raisonnement spatial.* Développement cognitif, 2013. **28**(1) : p. 41-50.

98. Hsin, L. et C. Snow, La *prise de perspective sociale : un avantage du bilinguisme dans l'écriture académique.* Lecture et écriture, 2017. **30**(6) : p. 1193-1214.

99. Bruner, J.S., J.J. Goodnow, et G.A. Austin, *A study of thinking.* 1956, New York : Wiley.

100. Chomsky, N., *Aspects de la théorie de la syntaxe.* 1965, Cambridge MA : MIT Press.

101. Goodenough, F.L., *Racial differences in the intelligence of school children.* Journal of Experimental Psychology, 1926. **9** : p. 388-397.

102. Darcy, N.T., *The effect of bilingualism upon the measurement of the intelligence of children of preschool age.* Journal of Educational Psychology, 1946. **37** : p. 21-44.

103. Darcy, N.T., *A review of the literature on the effects of bilingualism upon the measurement of intelligence.* Journal of Genetic Psychology, 1953. **82**(1) : p. 21-57.

104. Darcy, N.T., *Bilingualism and the measurement of intelligence : A review of a decade of research.* Journal of Genetic Psychology, 1963. **103** : p. 259-282.

105. Gould, S.J., *The mismeasure of man.* 1981, New York : Norton.

106. Peal, E. et W. Lambert, *The relation of bilingualism to intelligence.* Psychological Monographs, 1962. **76 (n° entier 546)** : p. 1-23.

107. Bialystok, E., et al., *The swerve : Comment le bilinguisme de l'enfance est passé de la responsabilité à l'avantage.* Psychologie du développement, 2022.

108. Duncan, G.J., K.M. Ziol-Guest, et A. Kalil, *Early childhood poverty and adult attainment, behavior, and health.* Child Development, 2010. **81** : p. 306-325.

109. Mischel, W., Y. Shoda, et M.L. Rodriguez, *Delay of gratification in children.* Science, 1989. **244** : p. 933-938.

110. Barac, R., et al, *The cognitive development of young dual language learners : Une revue critique.* Early Childhood Research Quarterly, 2014. **29** : p. 699-714.

111. Schroeder, S.R., *Do Bilinguals Have an Advantage in Theory of Mind ? A Meta-Analysis.* Frontiers in Communication, 2018. **3**.

112. Fan, S.P., et al., *The exposure advantage : L'exposition précoce à un environnement plurilingue favorise une communication efficace.* Psychological Science 2015. **26**. p. 1090-1097.

113 Morton, J.P. et S.N. Harper, *What did Simon say ? Revisiter l'avantage du bilinguisme.* Developmental Science, 2007. **10** : p. 719-726.

114. Hartanto, A., W.X. Toh, et H. Yang, *Bilingualism narrows socioeconomic disparities in executive functions and self-regulatory behaviors during early childhood : Evidence from the early childhood longitudinal study.* Développement de l'enfant, 2019. **90**(4) : p. 1215-1235.

115. Calvo, A. et E. Bialystok, *Independent effects of bilingualism and socioeconomic status on language ability and executive functioning.* Cognition, 2014. **130**(3) : p. 278-88.

116. Krizman, J., E. Skoe, et N. Kraus, *Les améliorations du bilinguisme n'ont pas de frontières socioéconomiques.* Science du développement, 2016. **19**(6) : p. 881-891.

117. Engel de Abreu, P.M., et al., *Bilingualism enriches the poor : Un meilleur contrôle cognitif chez les enfants des minorités à faible revenu.* Psychological Science, 2012. **23** : p. 1364-1371.

118. Werker, J.F. et K. Byers-Heinlein, *Bilingualism in infancy : first steps in perception and comprehension.* TRENDS in Cognitive Sciences, 2008. **12**(4) : p. 144-151.

119. Kovacs, A.M. et J. Mehler, *Cognitive gains in 7-month-old bilingual infants.* Proceedings of the National Academy of Science, 2009. **106**(16) : p. 6556-60.

120. Comishen, K., E. Bialystok, et S.A. Adler, *L'impact des environnements bilingues sur l'attention sélective dans la petite enfance.* Science du développement, 2019. **22** : p. e12797.

121. D'Souza, D., et al., *Is mere exposure enough ? Les effets des environnements bilingues sur le développement cognitif des nourrissons.* Royal Society Open Science, 2020. **7** : p. 180191.

122. Rauscher, F.H., G.L. Shaw, et K.N. Ky, *Music and spatial task performance.* Nature, 1993. **365** : p. 611.

123. Antoniou, M., *Le débat sur les avantages du bilinguisme.* Revue annuelle de linguistique, 2019. **5** : p. 1-21.

124. Bialystok, E., *Null results in bilingualism research : Ce qu'ils nous disent et ce qu'ils ne nous disent pas.* Journal of Multilingual Theories and Practices, 2020. **1**(1) : p. 8-22.

125. Kousaie, S. et N.A. Phillips, *Une enquête comportementale et électrophysiologique de l'effet du bilinguisme sur le vieillissement et le contrôle cognitif.* Neuropsychologia, 2017. **94** : p. 23-35.

     Renier, L.A., et al, *Preserved functional specialization for spatial processing in the middle occipital gyrus of the early blind.* Neuron, 2010. **68**(1) : p. 138-148.

127. Draganski, B., et al., *Changes in grey matter induced by training.* Nature, 2004. **427** : p. 311-312.

128 Mechelli, A., et al., *Structural plasticity in the bilingual brain.* Nature, 2004. **431** : p. 757.

129. Grundy, J.G., J.A.E. Anderson, et E. Bialystok, *Corrélats neuraux du traitement cognitif chez les monolingues et les bilingues.* Annales de l'Académie des sciences de New York, 2017. **1396**(1) : p. 183-201.

130. DeLuca, V., et al, *Redéfinir le bilinguisme comme un spectre d'expériences qui affecte de manière différentielle la structure et la*

fonction du cerveau. Actes de l'Académie nationale des sciences, 2019. **116**(15) : p. 7565-7574.

131.   Noble, K.G., et al., *Neural correlates of socioeconomic status in the developing human brain.* Developmental Science, 2012. **15**(4) : p. 516-27.

132.   Brito, N.H. et K.G. Noble, *The independent and interacting effects of socioeconomic status and dual-language use on brain structure and cognition.* Science du développement, 2018 : p. e12688.

133.   Berken, J.A., et al, *Le moment de l'apprentissage du langage façonne la structure cérébrale associée à l'articulation.* Structure et fonction du cerveau, 2016. **221**(7).

134.   Mohades, S.G., et al, *DTI révèle des différences structurelles dans les tracts de la matière blanche entre les enfants bilingues et monolingues.* Recherche sur le cerveau, 2012. **1435** : p. 72-80.

135.   Mohades, S.G., et al, *White-Matter development is different in bilingual and monolingual children : Une étude longitudinale de l'ITD.* PLoS One, 2015. **10**(2) : p. e0117968.

136.   Pliatsikas, C., et al, *The effect of bilingualism on brain development from early childhood to young adulthood.* Structure et fonction du cerveau, 2020. **225**(7) : p. 2131-2152.

137.   Berken, J.A., V.L. Gracco, et D. Klein, *Early bilingualism, language attainment, and brain development.* Neuropsychologia, 2017. **98** : p. 220-227.

138.   Arredondo, M.M., et al., *Bilingual exposure enhances left IFG specialization for language in children.* Bilinguisme : Langage et cognition, 2019. **22**(4) : p. 783-801.

139.   Koen, J.D. et M.D. Rugg, *Neural Dedifferentiation in the Aging Brain.* Trends in Cognitive Sciences, 2019. **23**(7) : p. 547-559.

140.   Bernardi, G., et al., *How skill expertise shapes the brain functional architecture : an fMRI study of visuo-spatial and motor processing in professional racing-car and naive drivers.* PLoS One, 2013. **8**(10) : p. e77764.

Kovelman, I., S.A. Baker, et L.A. Petitto, *Bilingual and monolingual brains compared : a functional magnetic resonance imaging investigation of syntactic processing and a possible "neural signature" of bilingualism.* Journal of Cognitive Neuroscience, 2008. **20**(1) : p. 153-169.

142. Arredondo, M.M., et al, *Le bilinguisme modifie le fonctionnement du lobe frontal des enfants pour le contrôle attentionnel.* Science du développement, 2017. **20**(3) : p. e12377.

    Mercure, E., et al. 143 *L'expérience linguistique a un impact sur l'activation du cerveau pour le langage parlé et le langage des signes dans la petite enfance : Insights from unimodal and bimodal bilinguals.* Neurobiologie du langage, 2020. **1**(1) : p. 9-32.

144. Pierce, L.J., et al, *Cartographie du maintien inconscient d'une première langue perdue.* Actes de l'Académie nationale des sciences, 2015. **112**(8) : p. E922.

145. Jasinska, K.K. et L.A. Petitto, *Développement des systèmes neuronaux pour la lecture dans le cerveau monolingue et bilingue : nouveaux aperçus de la neuroimagerie fonctionnelle par spectroscopie proche infrarouge.* Neuropsychologie du développement, 2014. **39**(6) : p. 421-39.

146. Jasinska, K.K., et al, *Bilingualism yields language-specific plasticity in left hemisphere's circuitry for learning to read in young children.* Neuropsychologia, 2017. **98** : p. 34-45.

147. Macnamara, J., *The effect of instruction in a weaker language.* Journal of Social Issues, 1967. **23** : p. 121-135.

148. Mondt, K., et al., *Neural differences in bilingual children's arithmetic processing depending on language of instruction.* Mind, Brain, and Education, 2011. **5**(2) : p. 79-88.

149. Cummings, J., et al., *Pipeline de développement de médicaments pour la maladie d'Alzheimer : 2017.* Alzheimer's & Dementia : Translational Research & Clinical Interventions, 2017. **3**(3) : p. 367-384.

150. Stern, Y., *Qu'est-ce que la réserve cognitive ? Théorie et application de recherche du concept de réserve.* Journal de la société internationale de neuropsychologie, 2002. **8** : p. 448-460.

151. Bialystok, E., J.A.E. Anderson, et J.G. Grundy, *Interpreting cognitive decline in the face of cognitive reserve : Le bilinguisme affecte-t-il le vieillissement cognitif ?* Linguistic Approaches to Bilingualism, 2021. **11**(4) : p. 484-504.

152.   Abutalebi, J., et al, Le *bilinguisme constitue une réserve neuronale pour les populations vieillissantes.* Neuropsychologia, 2015. **69** : p. 201-10.

153.   Abutalebi, J., et al, Le *bilinguisme protège l'intégrité du lobe temporal antérieur dans le vieillissement.* Neurobiologie du vieillissement, 2014. **35**(9) : p. 2126-33.

154   Abutalebi, J., et al, *The neuroprotective effects of bilingualism upon the inferior parietal lobule : Une étude de neuroimagerie structurelle chez des bilingues chinois vieillissants.* Journal of Neurolinguistics, 2015. **33** : p. 3-13.

155.   Olsen, R.K., et al, *The effect of lifelong bilingualism on regional grey and white matter volume.* Recherche sur le cerveau, 2015. **1612** : p. 128-39.

156.   Gold, B.T., N.F. Johnson, et D.K. Powell, Le *bilinguisme à vie contribue à la réserve cognitive contre les déclins de l'intégrité de la matière blanche dans le vieillissement.* Neuropsychologia, 2013. **51**(13) : p. 2841-2846.

157.   Anderson, J.A.E., et al. le *bilinguisme contribue à l'efficacité de la mémoire de réserve et de travail : Evidence from structural and functional neuroimaging.* Neuropsychologia, 2021. **163** : p. 108071.

158.   Del Maschio, N., et al, *Neuroplasticité à travers la durée de vie et effets du vieillissement chez les bilingues et les monolingues.* Cerveau et cognition, 2018. **125** : p. 118-126.

159.   Heim, S., et al. le *bilinguisme et la "réserve cérébrale" : Une question d'âge.* Neurobiologie du vieillissement, 2019. **81** : p. 157-165.

160.   Berkes, M., et al., *Poorer clinical outcomes for older adult monolinguals when matched to bilinguals on brain health.* Structure et fonction du cerveau, 2021. **226** : p. 415-424.

    Bialystok, E., F.I.M. Craik, et M. Freedman, *Bilingualism as a protection against the onset of symptoms of dementia.* Neuropsychologia, 2007. **45**(2) : p. 459-464.

162.   Anderson, J.A.E., K. Hawrylewicz, et J.G. Grundy, *Does bilingualism protect against dementia ? A meta-analysis.* Psychonomic Bulletin & Review, 2020. **27**(5) : p. 952-965.

163.   Paulavicius, A.M., et al, *Bilingualism for delaying the onset of Alzheimer's disease : a systematic review and meta-analysis.* Médecine gériatrique européenne, 2020.

164   Schweizer, T.A., et al, *Bilingualism as a contributor to cognitive reserve : Evidence from brain atrophy in Alzheimer's disease.* Cortex, 2012. **48**(8) : p. 991-996.

        Kowoll, M.E., et al, *Bilingualism as a contributor to cognitive reserve ? Preuve par le métabolisme cérébral du glucose dans la déficience cognitive légère et la maladie d'Alzheimer.* Frontiers in Psychiatry, 2016. **7**.

166.   Perani, D., et al., *L'impact du bilinguisme sur la réserve cérébrale et la connectivité métabolique dans la démence d'Alzheimer.* Proceedings of the National Academy of Sciences, 2017 : p. 201610909.

167.   Brookmeyer, R., et al. *Forecasting the global burden of Alzheimer's disease.* Alzheimers & Dementia, 2007. **3**(3) : p. 186-91.

168.   Klein, R.M., J. Christie, et M. Parkvall, *Does multilingualism affect the incidence of Alzheimer's disease ? Une analyse mondiale par pays.* SSM - Santé de la population, 2016. **2** : p. 463-467.

169.   Bialystok, E., et al, *Effets du bilinguisme sur l'âge d'apparition et la progression du MCI et de la MA : preuves à partir de tests de fonctions exécutives.* Neuropsychologie, 2014. **28**(2) : p. 290-304.

170.   Petersen, R.C., et al, *Current concepts in Mild Cognitive Impairment.* Archives of Neurology, 2001. **58** : p. 1985-1992.

171.   Berkes, M., et al, *Conversion of Mild Cognitive Impairment to Alzheimer Disease in Monolingual and Bilingual Patients.* Alzheimer's Disease and Associated Disorders, 2020. **34** : p. 225-230.

172.   Alladi, S., et al., *Impact du bilinguisme sur les résultats cognitifs après un accident vasculaire cérébral.* Accident vasculaire cérébral, 2016. **47** : p. 258-261.

173.   Paplikar, A., et al, *Le bilinguisme et la sévérité de l'aphasie post-AVC.* Aphasiologie, 2019. **33**(1) : p. 58-72.

174.   Voits, T., et al, *Beyond Alzheimer's disease : Le bilinguisme peut-il être un facteur de protection plus généralisé dans la*

neurodégénérescence ? Neuropsychologia, 2020. **147** : p. 107593.

175.   Antoniou, M., G.M. Gunasekera, et P.C. Wong, *Foreign language training as cognitive therapy for age-related cognitive decline : a hypothesis for future research.* Revues de neurosciences et de biocomportement, 2013. **37** : p. 2689-2698.

176.   Wong, P.C.M., et al., *Language training leads to global cognitive improvement in older adults : Une étude préliminaire.* Journal of Speech, Language, and Hearing Research, 2019. **62**(7) : p. 2411-2424.

177.   Meltzer, J.A., et al, *Improvement in executive function for older adults through smartphone apps : a randomized clinical trial comparing language learning and brain training.* Aging, Neuropsychology, and Cognition, 2021 : p. 1-22.

178.   Clenman, D.B., *I Dream in Good English Too.* 1988, Toronto : Flowerfield et Littleman.

        Ramirez-Esparza, N., A. Garcia-Sierra, et S. Jiang, *The current standing of bilingualism in today's globalized world : a socio-ecological perspective.* Current Opinion in Psychology, 2020. **32** : p. 124-128.

180.   Kroll, J.F. et P.E. Dussias, *Les avantages du plurilinguisme pour le développement personnel et professionnel des résidents des États-Unis.* Annales des langues étrangères, 2017. **50**(2) : p. 248-259.

181.   Ikizer, E.G. et N. Ramirez-Esparza, *Bilinguals' social flexibility.* Le bilinguisme : Langage et cognition, 2018. **21**(5) : p. 957-969.

182.   Dewaele, J.-M. et L. Wei, *Is multilingualism linked to a higher tolerance of ambiguity ?* Le bilinguisme : Langage et cognition, 2013. **16** : p. 231-240.

183.   Dewaele, J.-M. et L. Wei, *Plurilinguisme, empathie et multicompétence.* Revue internationale du plurilinguisme, 2012. **9** : p. 352-366.

184.   Dewaele, J.-M. et E. Botes, *Does multilingualism shape personality ? Une enquête exploratoire.* Revue internationale du bilinguisme, 2019.

185. Pavlenko, A., *Emotion and emotion-laden words in the bilingual lexicon.* Le bilinguisme : Language and Cognition, 2008. **11**(2) : p. 147-164.

186. Pavlenko, A., *Emotions et plurilinguisme.* 2005, Cambridge, MA : Cambridge University press.

187. Alqarni, N. et J.-M. Dewaele, *Un avantage émotionnel bilingue ? Une enquête sur les effets des facteurs psychologiques dans la perception des émotions en arabe et en anglais des bilingues arabe-anglais et des monolingues arabe-anglais.* Revue internationale du bilinguisme, 2020. **24** : p. 141-158.

188. Keysar, B., S.L. Hayakawa, et S.G. An, *The foreign-language effect : thinking in a foreign tongue reduces decision biases.* Psychological Science, 2012. **23**(6) : p. 661-8.

189. Costa, A., M.L. Vives, et J.D. Corey, *On language processing shaping decision making.* Current Directions in Psychological Science, 2017. **26**(2) : p. 146-151.

190. Hayakawa, S., et al. *L'utilisation d'une langue étrangère modifie nos choix.* Trends in Cognitive Sciences, 2016. **20**(11) : p. 792-793.

191. Pavlenko, A., *Affective processing in bilingual speakers : disembodied cognition ?* Revue internationale de psychologie, 2012. **47**(6) : p. 405-28.

192. Miozzo, M., et al., *Foreign language effect in decision-making : How foreign is it ?* Cognition, 2020. **199** : p. 104245.

193. McDonald, G., *Cross-cultural methodological issues in ethical research.* Journal of Business Ethics, 2000. **27** : p. 89-104.

194. Pan, P. et C. Patel, *The Influence of Native Versus Foreign Language on Chinese Subjects' Aggressive Financial Reporting Judgments.* Journal of Business Ethics, 2018. **150**(3) : p. 863-878.

195. Noe-Bustmante, L. et A. Flores, *Facts on Latinos in the U.S.* 2019, Pew Research Center.

196. Callahan, R.M. et P.C. Gándara, *The bilingual advantage : La langue, la littératie et le marché du travail américain.* 2014 : Multilingual Matters.

197.   Gándara, P., *La valeur économique du bilinguisme aux États-Unis.* Revue de recherche bilingue, 2018. **41**(4) : p. 334-343.

198.   Vaillancourt, F., D. Lemay, et L. Vaillancourt, *Laggards no more : L'évolution du statut socioéconomique des francophones du Québec.* 2007, Document d'information de l'Institut C.D. Howe.

199.   Bialystok, E. et K. Hakuta, *In other words : The psychology and science of second language acquisition.* 1994, New York : Basic Books.

A propos de l'auteur

Dr Ellen Bialystok, OC, PhD, FRSC

Ellen Bialystok est professeure distinguée de psychologie et scientifique associée au Rotman Research Institute du Baycrest Centre for Geriatric Care. Elle est officier de l'Ordre du Canada et membre de la Société royale du Canada.

Ses recherches utilisent des méthodes comportementales et de neuro-imagerie pour examiner l'effet du bilinguisme sur les processus cognitifs tout au long de la vie. Ses découvertes comprennent l'identification de différences dans le développement des capacités cognitives et linguistiques essentielles chez les enfants bilingues, l'utilisation de différents réseaux cérébraux par de jeunes adultes monolingues et bilingues effectuant des tâches de conflit simples, et le report des symptômes de démence chez les adultes âgés bilingues.

Parmi les prix qu'elle a reçus, mentionnons le prix Hebb de la Société canadienne du cerveau, du comportement et des sciences cognitives (2011), le prix Killam pour les sciences sociales (2010), le prix du mérite en recherche du président de l'Université York (2009), le prix Donald T. Stuss pour l'excellence en recherche au Baycrest Geriatric Centre (2005), le prix du doyen pour une recherche exceptionnelle (2002), la bourse de recherche Killam (2001) et la bourse de recherche Walter Gordon (1999). En 2017, elle a reçu un doctorat honorifique de l'Université d'Oslo pour ses contributions à la recherche.

À propos de

TBR BOOKS

a program of CALEC

Le programme TBR Books a été mis en place par le Centre pour l'Avancement des Langues, de l'Éducation et des Communautés (CALEC). Nous publions les travaux de chercheurs et professionnels qui cherchent à toucher des communautés variées sur des sujets liés à l'éducation, aux langues, à l'histoire culturelle et aux initiatives sociales. Nos livres sont traduits dans diverses langues afin de pouvoir nous adresser au public le plus large possible.

LIVRES EN FRANÇAIS

- ➢ Deux siècles d'enseignement français à New York : le rôle des écoles dans la diplomatie culturelle de Jane Flatau Ross
- ➢ Sénégalais de l'étranger de Maya Smith
- ➢ Le projet Colibri : créer à partir de « rien » de Vickie Frémont
- ➢ Pareils mais différents : une exploration des différences entre les Américains et les Français au travail de Sabine Landolt et Agathe Laurent
- ➢ Le don des langues : vers un changement de paradigme dans l'enseignement des langues aux États-Unis de Fabrice Jaumont et Kathleen Stein-Smith
- ➢ La Révolution bilingue : le futur de l'éducation s'écrit en deux langues de Fabrice Jaumont

LIVRES EN ANGLAIS ET DANS D'AUTRES LANGUES

- ➢ Peshtigo 1871 de Charles Mercier
- ➢ The Word of the Month de Ben Lévy, Jim Sheppard et Andrew Arnon
- ➢ Navigating Dual Immersion Stakeholders de Valerie Sun
- ➢ One Good Question: How to Ask Challenging Questions that Lead You to Real Solutions de Rhonda Broussard
- ➢ Bilingual Children: Families, Education, and Development d'Ellen Bialystok

- Can We Agree to Disagree? de Sabine Landolt et Agathe Laurent
- Salsa Dancing in Gym Shoes de Tammy Oberg de la Garza et Alyson Leah Lavigne
- Beyond Gibraltar, The Other Shore et Mamma in her Village de Maristella de Panizza Lorch
- The Clarks of Willsborough Point de Darcey Hale
- The English Patchwork de Pedro Tozzi et Giovanna de Lima
- Two Centuries of French Education in New York: The Role of Schools in Cultural Diplomacy de Jane Flatau Ross
- The Bilingual Revolution: The Future of Education is in Two Languages de Fabrice Jaumont

LIVRES POUR ENFANTS (disponibles dans plusieurs langues)

- Rainbows, Masks, and Ice Cream de Deana Sobel Lederman
- Korean Super New Years with Grandma de Mary Chi-Whi Kim et Eunjoo Feaster
- Math for All de Mark Hansen
- Rose Alone de Sheila Decosse
- Uncle Steve's Country Home, The Blue Dress et The Good, the Ugly, and the Great de Teboho Moja
- Immunity Fun!, Respiratory Fun! et Digestive Fun! de Dounia Stewart-McMeel
- Marimba de Christine Hélot, Patricia Velasco et Antun Kojton

Nos ouvrages sont disponibles sur notre site web et dans les principales librairies en ligne, au format papier ou e-book. Certains ont été traduits dans plus de 12 langues. Pour consulter une liste de tous les livres publiés par TBR Books, obtenir des informations sur nos collections ou connaître les instructions à suivre pour soumettre un manuscrit, consultez notre site web à l'adresse suivante :

www.tbr-books.org

À propos de

Le Centre pour l'Avancement des Langues, de l'Éducation et des Communautés (CALEC) est une organisation à but non lucratif faisant la promotion du plurilinguisme, valorisant les familles plurilingues et favorisant l'entente interculturelle. La mission du Centre va dans le même sens que les objectifs de développement durable de l'Organisation des Nations Unies (ONU). Nous désirons faire de la maîtrise des langues une compétence essentielle et salutaire à travers la mise en place et le développement de programmes d'éducation bilingue, la promotion de la diversité, la réduction des inégalités et l'élargissement de l'accès à une éducation de qualité. Nos programmes ont pour but de défendre le patrimoine culturel mondial tout en venant en aide aux éducateurs, aux auteurs et aux familles en leur fournissant les connaissances et les ressources pour façonner des communautés plurilingues dynamiques.

Les objectifs et buts spécifiques de notre organisation sont les suivants :

➢ Développer et mettre en place des programmes éducatifs qui font la promotion du plurilinguisme ainsi que de l'entente interculturelle, et établir une éducation de qualité équitable et inclusive, notamment par le biais de stages et de formations (objectif de développement durable n°4 – Éducation de qualité)

➢ Publier des ressources, soit des articles de recherche, des livres et des études de cas, qui ont pour but de soutenir et de promouvoir l'inclusion sociale, économique et politique de tous, en se concentrant tout particulièrement sur la diversité culturelle, l'équité et l'inclusion (objectif de développement durable n°10 – Inégalités réduites)

- Aider à la construction de villes et de communautés durables et soutenir les éducateurs, les auteurs, les chercheurs et les familles dans l'avancée du plurilinguisme et de l'entente interculturelle à l'aide d'outils collaboratifs (objectif de développement durable n°11 – Villes et communautés durables)
- Favoriser des partenariats globaux en mobilisant des ressources par-delà les frontières, participer à des événements et activités qui font la promotion de l'éducation linguistique à travers la diffusion de connaissances, le coaching, l'autonomisation des parents et des éducateurs et la construction de sociétés plurilingues (objectif de développement durable n°17 – Partenariats pour la réalisation des objectifs)

QUELQUES BONNES RAISONS DE NOUS SOUTENIR

Votre don nous permet d'effectuer les opérations suivantes :

- Développer nos activités de publication et de traduction pour que plus de langues soient représentées
- Donner accès à notre plateforme de livres en ligne à des crèches, écoles et centres culturels en zone défavorisée
- Soutenir des actions locales et durables en faveur de l'éducation et du plurilinguisme
- Organiser des rencontres avec des auteurs et des experts du plurilinguisme, des ateliers pour les parents et des conférences auprès de publics larges

FAIRE UN DON EN LIGNE

En cas de questions, contactez notre équipe par courriel à l'adresse contact@calec.org. Pour effectuer un don en ligne, rendez-vous sur notre site web :

www.calec.org

www.ingramcontent.com/pod-product-compliance
Lightning Source LLC
Chambersburg PA
CBHW021230090426
42740CB00006B/467